**新编21世纪职业教育精品教材**

适用于职业院校、技工院校汽车类专业

U0461991

# 新能源汽车
# 电气设备构造与维修（微课版）
# 任务工单与同步练习

主　编◎谷　磊　梁广彪

副主编◎刘桃青　余正方　廖　周
　　　　张思越

参　编◎谢伟钢　林满丰　文渠坝
　　　　韩东阳　罗裕雄　张　梅
　　　　邹贺伟　蓝朗辉　黄　娜

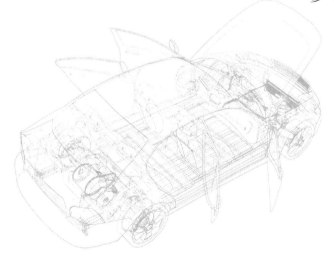

中国人民大学出版社

·北京·

## 目录

# 新能源汽车电气维修基础

## 任务一　新能源汽车电路图的识读

### 🚗 任 务 工 单

×××××× 维修厂维修工单

接车日期：20_____年____月____日　　　　　　　　　　　　　维修技师：

| 用户及车辆信息 | | |
|---|---|---|
| 用户姓名： | 联系电话： | 车牌号： |
| 品牌及车型： | 车辆识别代码： | |
| 维修信息 | | |
| 预计维修时长： | 车身附件情况：齐全□ 不齐全□（缺：　　　　　） | |
| 车身外观： | 其他信息： | |

**维修任务：比亚迪秦 EV 电池冷却水泵的检查**

**1. 补充完成电池冷却水泵两条电路的电流流经路线**

（1）"多合一" BG64B-20 → W/G 0.22 导线→

（2）蓄电池→ K1-3 IG4 继电器开关→

**2. 电池冷却水泵插接器 B66 连接三条导线，按下列格式补充完整**

B66-1：颜色标注—G/W，颜色—绿色白条，线径—0.5mm，连接—F1/7 熔断器

B66-2：

B66-3：

# 任务二　新能源汽车电气系统常见元件的检查

## ×××××维修厂维修工单

接车日期：20_____年____月____日　　　　　　　　　　　　维修技师：

| 用户及车辆信息 | | |
|---|---|---|
| 用户姓名： | 联系电话： | 车牌号： |
| 品牌及车型： | 车辆识别代码： | |
| 维修信息 | | |
| 预计维修时长： | 车身附件情况：齐全□ 不齐全□（缺：　　　　　） | |
| 车身外观： | 其他信息： | |

**维修任务：IG1 继电器电路的检查**

**1. F2/28 熔断器的检查**

（1）上电。上电步骤为（　　　　　　　　　）。F2/28 熔断器位于（　　　　　）（选填：仪表板配电盒、前舱配电盒）。

（2）检查 F2/28 熔断器两个检测点的电压，选择万用表（　　　）挡位（　　　）量程。

（3）如果都是 12V 左右，检查 G82-44 或者 G64E-31 的电压，为（　　　　）。

（4）一个检测点的电压为 12V 左右，一个为 0V，说明熔断器（　　　）。在老师的指导下检查短路情况。

（5）如果 F2/28 两检测点电压都为 0V，需要检查（　　　）。

**2. IG1 继电器的检查**

（1）使用万用表（　　　）挡（　　　）量程检查继电器线圈电阻，阻值为（　　　）。

（2）检查继电器开关的阻值，为（　　　）。

（3）取下继电器，在继电器线圈两端施加 12V 电压，86 端子连接（　　　），85 端子连接（　　　）（正极或负极），检查继电器开关阻值，为（　　　）。

（4）轻轻晃动继电器端子，（　　　）（有 / 无）松动。

（5）观察继电器座内接触片，（　　　）（有 / 无）松动，（　　　）（有 / 无）锈蚀，（　　　）（有 / 无）氧化物。

## 任务三 低压蓄电池的工作原理和检修

### 任务工单

#### ×××××维修厂维修工单

接车日期：20_____年____月____日                                        维修技师：

| 用户及车辆信息 | | |
|---|---|---|
| 用户姓名： | 联系电话： | 车牌号： |
| 品牌及车型： | 车辆识别代码： | |
| **维修信息** | | |
| 预计维修时长： | 车身附件情况：齐全□ 不齐全□（缺：          ） | |
| 车身外观： | 其他信息： | |

**维修任务：蓄电池的维护和检查**

**1. 蓄电池的维护**

（1）观察实训车辆低压蓄电池（        ）（有／没有）低压蓄电池管理系统。

（2）擦干净或吹干净蓄电池上的脏物，检查蓄电池固定（        ）（牢靠／不牢靠），拆下蓄电池固定支架。如果固定不牢靠，剧烈振动将影响其使用寿命。

（3）观察蓄电池四周（        ）（有／没有）漏液情况，检查外壳（        ）（有／没有）龟裂或变形。

（4）拆下蓄电池负极、正极，观察极柱和连接桩头上（        ）（有／没有）氧化物。

（5）检查蓄电池负极电缆线与车身连接的固定螺栓（        ）（有／没有）松动。

（6）检查连接桩头上的保护罩（        ）（有／没有）破裂。

**2. 蓄电池管理系统的检查**

（1）不上电检查蓄电池电压为（            ），此时，DC-DC 转换器（        ）（工作／不工作）。

（2）上电后检查蓄电池电压为（            ），此时，DC-DC 转换器（        ）（工作／不工作）。

（3）检查车门微动开关。可以检查阻值或检查车身控制器相应输出端电压，记录测量的端子和测量的结果（                                                            ）。

（4）检查 CAN 线。记录测量的端子和测量结果（

                                                            ）。

## 同步练习

### 一、填空题

1. 一般新能源汽车电气系统由电源系统、_____和_____三部分组成。

2. 汽车电气系统的线路故障一般包括_____、_____、接触不良等。

3. 测量低压蓄电池的电压，应选择万用表_____挡位的_____量程。

4. 4 端子继电器_____端子连接不受点火开关等控制的电源，_____端子连接负载，86 端子连接电源，85 端子连接搭铁。

5. 低压蓄电池有_____功能和_____功能。

6. 铅酸蓄电池内正极通常由_____构成，负极通常由_____构成，电解液是_____。（选填：二氧化铅、硫酸、纯铅）

7. 锂离子电池正极采用的活性物质一般为_____，负极采用的活性物质一般为_____。（选填：石墨、锰酸锂）

### 二、判断题

1. 配电装置包括中央配电盒、熔断器、继电器、线束、电动机等。（    ）

2. 比亚迪秦 EV 电路图册主要包括三部分，即继电器和熔断器位置分布图、整车线束图和电气原理图。（    ）

3. 使用万用表测量电阻前，旋至欧姆挡的最小量程，红黑表笔相接，应显示小于 1Ω，否则说明万用表不准确。（    ）

4. 如果不知道被测电压范围，将量程选择开关置于小量程并逐渐增大量程，不能在测量中改变量程。（    ）

5. 最后一个负载搭铁线侧的电压应低于 1V，否则进行检修。（    ）

6. 拆下蓄电池正负极时，先拆负极、再拆正极。（    ）

7. 车辆长期不使用，必须拆下低压蓄电池负极。（    ）

8. 免维护蓄电池不需要做任何维护。（    ）

9. 目前纯电动汽车和混合动力汽车低压蓄电池都具有低压蓄电池管理系统。（    ）

### 三、简答题

1. 写出比亚迪秦 EV 插接器 BJ37 和 G05 各个部分的含义。

2. 比亚迪秦 EV 电路图导线标注"L/Y 1.25"，写出其含义。

3. 查阅 2021 款比亚迪秦 EV 电路图册，按"F1/1-15A- 左近灯"格式写出 F1/2、F1/3、F2/1、F2/2 熔断器额定电流及名称。

4. 写出熔断器就车检查的方法。

5. 怀疑以下电路在标识位置短路，你需要如何检查确认？

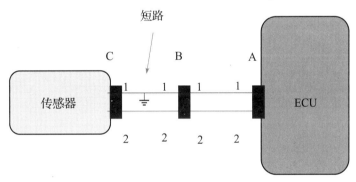

6. 怎么检查蓄电池故障性自放电？

7. 使用充电机给蓄电池充电，怎样确定蓄电池已充满电？充电完成后需要做什么？

# 项目二

# 照明与信号系统、仪表系统的工作原理和检修

## 任务一 照明灯的工作原理和检修

### 任务工单

×××××× 维修厂维修工单

接车日期：20    年    月    日                                维修技师：

| 用户及车辆信息 | | |
|---|---|---|
| 用户姓名： | 联系电话： | 车牌号： |
| 品牌及车型： | 车辆识别代码： | |
| **维修信息** | | |
| 预计维修时长： | 车身附件情况：齐全□ 不齐全□（缺：        ） | |
| 车身外观： | 其他信息： | |

**维修任务：前照灯的检修**

**1. 前照灯的操纵**

（1）将灯光组合开关置于 OFF 挡，简易地画出 OFF 挡的符号（        ）。

（2）将灯光组合开关置于自动挡，简易地画出自动挡的符号（        ）。

（3）将灯光组合开关置于小灯挡，简易地画出小灯挡的符号（        ），此时，（        ）亮起。

（4）将灯光组合开关置于近光灯挡，简易地画出近光灯挡的符号（        ），检查左右近光灯是否点亮。

**2. 前照灯的检查**

（1）翻阅维修手册，拆下前照灯灯泡，注意防止烫伤，近光灯阻值为（        ）。

（2）查找维修电路，左远光灯的熔断器编号是（        ），额定电流是（        ），检查熔断器阻值（        ），两个检测点的电压分别为（        ）和（        ）。

**3. 继电器的检查**

（1）查找维修电路，远光灯继电器的编号为（        ），检查继电器线圈阻值，为（        ），施加12V 电压检查继电器开关，阻值为（        ）。

续表

| （2）检查继电器座，写出方法（ ）。 |
| --- |
| **4. 连接线路的检查** |
| （1）检查 B05-4 和车身搭铁之间的阻值，为（ ）。 |
| （2）检查 B05-3 和车身搭铁之间的电压，为（ ）。 |
| **5. 灯光组合开关的检查（简要记录过程）** |
| |

# 任务二　信号灯的工作原理和检修

## 任务工单

×××××× 维修厂维修工单

接车日期：20_____年____月____日　　　　　　　　　　　维修技师：

| 用户及车辆信息 | | |
| --- | --- | --- |
| 用户姓名： | 联系电话： | 车牌号： |
| 品牌及车型： | 车辆识别代码： | |
| 维修信息 | | |
| 预计维修时长： | 车身附件情况：齐全□ 不齐全□（缺： ） | |
| 车身外观： | 其他信息： | |

**维修任务：转向信号灯的检查（根据课堂实训填写）**

**1. 基本检查**

　　检查全车共有（ ）个转向信号灯，打开危险警告灯开关，检查转向信号灯是否全亮，检查转向信号灯灯壳，（ ）（正常/有破损）。

**2. 检查转向信号灯灯泡**

　　断开左前转向信号灯插接器（ ）（填写插接器编号），给灯泡两端施加电压，（ ）（填写端子号）连接蓄电池正极，（ ）（填写端子号）连接蓄电池负极，灯泡（ ）（亮/不亮）。

**3. 检查线束**

　　断开左前转向信号灯插接器，检查线束端电压，测量 B05-8 与车身之间的电压，应为（ ）V 左右，测量 B05-6 与车身之间的电阻，应为（ ）Ω。

**4. 检查转向信号灯开关（根据具体车型记录）**

## 任务三　喇叭和引擎音模拟器的工作原理和检修

### ×××××维修厂维修工单

接车日期：20_____年___月___日　　　　　　　　　　维修技师：

| 用户及车辆信息 | | |
|---|---|---|
| 用户姓名： | 联系电话： | 车牌号： |
| 品牌及车型： | 车辆识别代码： | |
| 维修信息 | | |
| 预计维修时长： | 车身附件情况：齐全□ 不齐全□（缺：　　　　） | |
| 车身外观： | 其他信息： | |

**维修任务：喇叭和引擎音模拟器的检查**

**1. 检查喇叭熔断器**

　　通过查找电路图册，喇叭熔断器编号是（　　　），额定电流为（　　　）。按下喇叭开关，检查该熔断器的两个检测量点的电压，为（　　　），检查熔断器（　　　）（正常 / 异常）。

**2. 检查喇叭**

　　检查车辆上有（　　　）个喇叭，分别给实训车喇叭通电，喇叭声音（　　　）（正常 / 无 / 过小 / 其他）。

**3. 检查线束**

　　检查喇叭负极到搭铁的电阻，为（　　　）；喇叭正极连接继电器盒的端子是（　　　），测量其阻值，为（　　　）。

**4. 检查喇叭开关**

　　脱开蓄电池的负极电缆，并用绝缘胶带缠好，等待（　　　）s 以上再检查。

**5. 检查引擎音模拟器**（简要记录检查过程）

**6. 设置引擎音模拟器**（简要记录设置过程）

# 任务四 仪表系统的工作原理和检修

××××××维修厂维修工单

接车日期：20_____年____月____日                                       维修技师：

| 用户及车辆信息 | | | |
|---|---|---|---|
| 用户姓名： | 联系电话： | | 车牌号： |
| 品牌及车型： | | 车辆识别代码： | |
| 维修信息 | | | |
| 预计维修时长： | | 车身附件情况：齐全□ 不齐全□（缺：　　　　） | |
| 车身外观： | | 其他信息： | |

**维修任务：转向指示灯的检查**

**1. 指示灯认知**

按照从左到右的顺序，依次写出下面指示灯的名称：1—（　　　　）；2—（　　　　）；3—（　　　　）；4—（　　　）；5—（　　　）；6—（　　　）；7—（　　　）；8—（　　　）。

**2. 检查转向信号灯**

检查所有转向信号灯（　　　　）（正常 / 某转向信号灯不亮）。

**3. 检查转向指示灯**

检查左右转向指示灯（　　　　）（正常 / 某转向指示灯不亮）。

**4. 检查线束和插接器**

检查左转向指示灯的连接导线，检查"多合一"控制器端子（　　　）和组合仪表端子（　　　）之间的电阻，为（　　　），判断为（　　　）（正常 / 异常）。

检查右转向指示灯的连接导线，检查"多合一"控制器端子（　　　）和组合仪表端子（　　　）之间的电阻，为（　　　），判断为（　　　）（正常 / 异常）。

**5. 按上述检查方法，检查其他任意一个指示灯或警告灯，简要记录检查过程**

# 同步练习

## 一、填空题

1. 新能源汽车照明系统根据安装位置和用途的不同，一般可分为_____和_____照明系统。

2. 室外照明灯电路由_____、_____、_____、_____和_____组成。

3. 熔断器电阻的测量，可用万用表的 20Ω 挡检测熔断器两端之间的电阻，正常情况下的阻值应该小于_____。

4. 新能源汽车室内照明灯有_____、_____、_____。

5. 新能源汽车室内照明灯包括_____、_____、_____、_____、_____等。

6. 转向信号灯系统一般由转向信号灯、_____、_____和_____组成。

7. 汽车制动信号灯一般有三只，一只装在车尾上部，称为_____，另外两只装在汽车后部。

8. 倒车灯的灯光颜色为_____。

9. 危险警告灯开启时，不受_____控制。

10. _____用来指示汽车行驶速度。

11. 自动挡汽车挡位上的 P 代表_____挡、R 代表_____挡、N 代表_____挡、D 代表_____挡。

## 二、判断题

1. 汽车行李舱灯的开启和关闭受后尾灯开关控制。（　　　　）

2. 汽车氛围灯的工作电压为 12V。（　　　　）

3. 汽车门灯一旦出现故障，有可能是 BCM 故障。（　　　　）

4. 万用表电阻挡可用来检测线路的通断，测量时需要通电。（　　　　）

5. 变光开关用于前照灯远、近光的转换。（　　　　）

6. 汽车制动信号灯是与汽车制动系统同步工作的，安装在车辆尾部。（　　　　）

7. 转向后，转向盘控制装置可以自动使转向信号灯开关回位关闭转向信号灯。（　　　　）

8. 制动信号灯不亮可能的原因为灯光组合开关故障。（　　　　）

9. 制动信号灯的颜色为白色，倒车信号灯的颜色为红色。（　　　　）

10. 引擎音模拟器是声音警示装置，当车辆车速高于 30km/h 时，可以发出声音提醒行人。（　　　　）

## 三、简答题

1. 简述室内阅读灯故障的可能原因。

2. 简述远光灯继电器的检查方法。

3. 为何需要对前照灯光束进行调整？

4. 简述新能源汽车制动信号灯的工作原理。

5. 简述引擎音模拟器的工作过程。

6. 简述汽车车门开启指示灯的作用。

# 空调系统的工作原理和检修

## 任务一 空调制冷系统基础部分的工作原理和检修

### 任务工单

**××××××维修厂维修工单**

接车日期：20＿＿＿＿年＿＿月＿＿日 维修技师：

| 用户及车辆信息 | | | | |
|---|---|---|---|---|
| 用户姓名： | | 联系电话： | | 车牌号： |
| 品牌及车型： | | 车辆识别代码： | | |
| 维修信息 | | | | |
| 预计维修时长： | | 车身附件情况：齐全□ 不齐全□（缺 　　　） | | |
| 车身外观： | | 其他信息： | | |

**维修任务：电动压缩机的检查**

**1. 空调制冷系统组成**

　　写出实训车辆空调系统的组成：

**2. 操控空调制冷系统**（简要写出操作步骤）

　　（1）温度调节：

　　（2）风速调节：

　　（3）前风窗玻璃除霜：

**3. 识读电动压缩机的电路**

　　电动压缩机上有（　　）条接线，电动压缩机插接器编号为（　　）。

　　电动压缩机插接器1号端子连接（　　），2号端子连接（　　），4号端子连接（　　），5号端子连接（　　）。

**4. 检查电源线和搭铁线**

　　测量BA17-1连接的电源线的电压，为（　　），判断为（　　）(正常 / 异常)。

　　测量BA17-2连接的搭铁线与搭铁之间的阻值为（　　）。

续表

| 5. 检查 CAN-H 和 CAN-L 线 |
| --- |
| 　　测量 BA17-4 连接的 CAN-H 线的电压为（　　　），测量 BA17-5 连接的 CAN-L 线的电压为（　　　）。<br>测量 BA17-4 和 BA17-5 的对地电压为（　　　）。<br>断电后测量 BA17-4 和 BA17-5 之间的阻值为（　　　）。 |

# 任务二　空调制冷系统电控部分的工作原理和检修

## 任务工单

### ×××××× 维修厂维修工单

接车日期：20_____年____月____日　　　　　　　　　　　　　维修技师：

| 用户及车辆信息 | | |
| --- | --- | --- |
| 用户姓名： | 联系电话： | 车牌号： |
| 品牌及车型： | 车辆识别代码： | |
| **维修信息** | | |
| 预计维修时长： | 车身附件情况：齐全□　不齐全□（缺：　　　　　　） | |
| 车身外观： | 其他信息： | |

**维修任务：空调控制器电路的检测**

**1. 检查熔断器**

　　查找维修手册或维修电路图，空调控制器的电源熔断器编号为（　　　）和（　　　），检查这两个熔断器的检测点的电压分别为（　　　）、（　　　）和（　　　）、（　　　），检查熔断器绝缘电阻分别为（　　　）和（　　　）。

**2. 检查空调控制器插接器端子的电压**

　　查找维修手册或维修电路图，空调控制器插接器电源端子编号分别为（　　　）和（　　　），分别检查其与车身之间的电压值为（　　　）和（　　　）。

**3. 检查线束的连接情况**

　　（1）在断电的情况下，检查 G21（A）-1 和（　　　）熔断器之间的阻值，为（　　　）。

　　（2）检查 G21（A）-20 和（　　　）熔断器之间的阻值，为（　　　）。

　　（3）检查 G21（A）-22 和车身负极之间的阻值，为（　　　）。

**4. 检查鼓风机电路**（简要地画出鼓风机电路图，并记录检查过程）

# 任务三　空调暖风系统的工作原理和检修

## 任务工单

××××××维修厂维修工单

接车日期：20＿＿＿＿＿＿年＿＿＿月＿＿＿日　　　　　　　　　　维修技师：

| 用户及车辆信息 | | |
|---|---|---|
| 用户姓名： | 联系电话： | 车牌号： |
| 品牌及车型： | 车辆识别代码： | |
| 维修信息 | | |
| 预计维修时长： | 车身附件情况：齐全□ 不齐全□（缺：　　　　　） | |
| 车身外观： | 其他信息： | |

**维修任务：PTC 加热器的检查**

**1. 电路认知**

查找维修资料，PTC 加热器插接器编号是（　　　），电源线连接 PTC 加热器插接器（　　　）端子，搭铁线连接 PTC 加热器插接器（　　　）端子，CAN–H 线连接 PTC 加热器插接器（　　　）端子。

**2. 检查 PTC 加热器低压电源电路**

（1）检查电源端子（　　　）和车身之间的电压，为（　　　）。

（2）检查搭铁端子（　　　）和车身之间的电阻，为（　　　）。

**3. 检查 PTC 加热器线束和 CAN 总线**

（1）检查电源端子（　　　）和相关熔断器之间的电阻，为（　　　）。

（2）检查搭铁端子（　　　）和车身之间的电阻，为（　　　）。

（3）检查 GB34-4 与 G19-1 及 GB34-5 与 G19-2 之间的电阻，分别为（　　　）和（　　　）。

**4. 检查内外循环风门电机**

（1）对电路图进行认知，该电机有（　　　）条接线，搭铁端子 G22-11 接地，（　　　）端子连接（　　　），（　　　）端子连接（　　　），（　　　）端子连接（　　　），（　　　）端子连接（　　　）。

（2）简要叙述测量该电机控制线路电阻的方法。

## 同步练习

### 一、填空题

1. 新能源汽车空调制冷系统与传统汽车的区别是_____发生了变化。

2. 混合动力汽车空调系统为双压缩机自动调节空调，整车有电时，由_____将低压气态的制冷剂从蒸发器中抽出进行制冷循环。整车下电时，由_____将低压气态的制冷剂从蒸发器中抽出进行制冷循环。

3. 空调制冷系统由_____、_____、_____、_____、空调控制器和空调制冷管路总成等组成。

4. 比亚迪秦 EV 采暖是通过_____、_____、_____、_____、_____和空调供暖管路等组成的系统来实现的。

5. 比亚迪秦 EV 空调系统利用_____加热冷却液进行采暖，具有_____、_____和通风换气等功能。

6. 在拆卸 PTC 加热器总成时，使用万用表电压挡对高压母线插接器进行验电，测得结果小于_____V 为正常。

7. 比亚迪秦 EV 车外温度传感器安装在_____处。

8. _____用于检测蒸发器表面的温度，修正混合风门位置，调节车内温度，控制压缩机，保证蒸发器在 0℃以上环境进行工作，防止蒸发器表面结冰。

### 二、判断题

1. 自动空调箱体的模式风门、混合风门和内外循环风门都由电机控制。（　　　）

2. PTC 加热器的功率大小由空调控制器根据车内温度、设定温度、水温等信息综合判断后决定。（　　　）

3. 通过空调控制面板设定温度后，空调控制器不需要结合相关信息综合判断后控制 PTC 加热器工作。（　　　）

4. 当鼓风机电机打开时，空调控制器根据混合风门开度打开电池冷却水泵。（　　　）

5. 加热后的空气被送到车厢内或风窗玻璃，用以提高车厢内温度和除霜。（　　　）

6. 阳光雨量传感器主要用于感知环境光照和雨量，并向车辆系统提供相应的数据。它一般布置在上仪表本体上，靠近主驾驶前除霜风口处。（　　　）

7. 空调压力开关通过对空调系统的高低压力控制，保护电动压缩机和空调系统。压力开关安装于空调系统高压管路上，也称为高压开关。（　　　）

8. 空调压力温度传感器是空调系统中的一个重要组成部分，一般安装在蒸发器出口附近的空调管路上，用于测量蒸发器出口的压力和温度。（　　　）

## 三、简答题

1. 简述比亚迪秦 EV 空调制冷系统的制冷原理。

2. 请叙述比亚迪秦 EV 空调暖风系统的工作原理。

3. 简要叙述 PTC 加热器的工作原理。

4. 简要叙述新能源汽车空调制冷系统电控部分的组成。

5. 简要叙述新能源汽车空调暖风系统的组成。

# 车身辅助电气系统的工作原理和检修

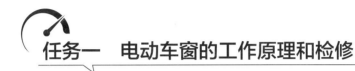

## 任务一 电动车窗的工作原理和检修

### 🚗 任务工单

×××××× 维修厂维修工单

接车日期：20_____年____月____日 　　　　　　　　维修技师：

| 用户及车辆信息 | | |
|---|---|---|
| 用户姓名： | 联系电话： | 车牌号： |
| 品牌及车型： | 车辆识别代码： | |
| **维修信息** | | |
| 预计维修时长： | 车身附件情况：齐全□ 不齐全□（缺：　　　　　） | |
| 车身外观： | 其他信息： | |

**维修任务：电动车窗的检查**

**1. 检查熔断器**

　　检查熔断器，检查右前车窗开关的熔断器，熔断器的编号为（　　）和（　　）。

　　检查常电熔断器两个检测点的电压，为（　　）和（　　）；检查 IG 1 电源熔断器两个检测点的电压，为（　　）和（　　），判断为（　　）（正常/异常）。拆卸熔断器，目测熔断器（　　）（正常/异常）。

**2. 检查车窗开关**

　　测量时，按下主控开关上右前车窗开关，右前车窗开关上 DN+ 电压应为（　　），否则更换该车窗开关。

**3. 检查电机和电机电路**

　　上"ON"挡电，控制右前车窗玻璃上升时，（　　）（填写插接器及端子号）与车身地之间的电压应为（　　）；上"ON"挡电，控制右前车窗玻璃下降时，（　　）（填写插接器及端子号）与车身地之间的电压应为（　　），否则检修电路。

　　在车窗电机两端子上直接施加 12V 左右蓄电池电压，电机（　　）（不运转/发卡/运转自如）。

# 任务二 刮水器和洗涤器的工作原理和检修

**×××××× 维修厂维修工单**

接车日期：20_____年____月____日 维修技师：

| 用户及车辆信息 | | |
|---|---|---|
| 用户姓名： | 联系电话： | 车牌号： |
| 品牌及车型： | 车辆识别代码： | |
| **维修信息** | | |
| 预计维修时长： | 车身附件情况：齐全□ 不齐全□（缺： ） | |
| 车身外观： | 其他信息： | |

**维修任务：刮水器和洗涤器的检修**

**1. 操纵刮水器开关**

（1）将刮水器开关置于（ ）（画出符号）位置，刮水器处于低速刮水挡。

（2）将刮水器开关置于（ ）（画出符号）位置，刮水器处于高速刮水挡。

（3）将刮水器开关置于（ ）（画出符号）位置，洗涤器工作。

**2. 检查洗涤液等**

检查洗涤液液位（ ）（正常／过低），如果液位过低，应当添加（ ）（清水／冷却液／优质风窗玻璃洗涤液）。

让洗涤器工作，检查喷水区域（ ）（正常／异常），检查喷嘴（ ）（可以／不可以）调整。

**3. 检查和更换刮水片**

检查在低速刮水挡和高速刮水挡时，刮水片（ ）（能／不能）刮干净风窗玻璃。拆下刮水片，再安装刮水片，（ ）（基本可以／可以熟练）完成。

**4. 检查刮水器电动机**

（1）检查（ ）（熔断器的编号）熔断器两个检测点的电压，为（ ）。

（2）检查刮水器电动机低速刮水挡。断开刮水器电动机插接器（ ）（填写编号），端子（ ）连接低压蓄电池正极，端子（ ）连接低压蓄电池负极，此时，刮水器电动机以低速旋转。

（3）检查刮水器电动机高速刮水挡。让端子（ ）连接低压蓄电池正极，端子（ ）连接低压蓄电池负极，此时，刮水器电动机以高速旋转。

（4）检查刮水器电动机插接器端子3和端子4之间的阻值，若电动机停在非停止位，阻值为（ ）；若电动机停在停止位，阻值为（ ）。

# 任务三  电动后视镜的工作原理和检修

××××××维修厂维修工单

接车日期：20_____年____月____日                    维修技师：

| 用户及车辆信息 | | |
|---|---|---|
| 用户姓名： | 联系电话： | 车牌号： |
| 品牌及车型： | 车辆识别代码： | |
| **维修信息** | | |
| 预计维修时长： | 车身附件情况：齐全□ 不齐全□（缺：　　　　） | |
| 车身外观： | 其他信息： | |

**维修任务：电动后视镜的检修**

**1. 电动后视镜的认知**

（1）观察电动后视镜有无 NFC 钥匙闭锁 / 解锁功能，（　　　）（有 / 没有）。

（2）观察电动后视镜有无照地灯，（　　　）（有 / 没有）。

（3）观察电动后视镜有无盲区监测系统的摄像头，（　　　）（有 / 没有）。

（4）观察电动后视镜有无除霜功能，（　　　）（有 / 没有）。

（5）操纵方向调节开关，根据自己的身高和坐姿等，将镜片调整到合理的位置，判断调整功能（　　　）（正常 / 异常）。

（6）将电动后视镜折叠，发现折叠功能（　　　）（正常 / 异常）。

**2. 电动后视镜折叠功能的认知**（根据下图，描述折叠功能的工作原理）

```
            ┌─────┐
            │ 熔断 │
            │  器 │
            └──┬──┘
       ┌───────┼───────┐
    ┌──┴──┐ ┌──┴──┐ ┌──┴──┐
    │折叠 │ │左后 │ │右后 │
    │开关 │ │视镜 │ │视镜 │
    └──┬──┘ └──┬──┘ └──┬──┘
       └───────┼───────┘
        ┌──────┴──────┐
        │    BCM      │
        └─────────────┘
```

**3. 电动车外后视镜方向调节开关的检查**

在向左向右调时，导通的端子有（　　　　　　），在向上向下调时，导通的端子有（　　　　　　）。

续表

| 4. 电动车外后视镜电路的检查 |
|---|
| （1）元件测试。插接器（　　　　）端子与蓄电池正极连接，插接器（　　　　　）端子与蓄电池负极连接，此时镜片能右调；插接器（　　　　　）端子与蓄电池正极连接，插接器（　　　　）端子与蓄电池负极连接，此时镜片下调。 |
| （2）检查线束。断开左（或右）车外后视镜插接器，断开车外后视镜方向调节开关插接器，描述线束检查结果。 |

# 任务四　其他车身辅助电气系统的工作原理和检修

## 任务工单

**×××××× 维修厂维修工单**

接车日期：20_____年___月___日　　　　　　　　　　　　　维修技师：

| 用户及车辆信息 | | |
|---|---|---|
| 用户姓名： | 联系电话： | 车牌号： |
| 品牌及车型： | 车辆识别代码： | |
| 维修信息 | | |
| 预计维修时长： | 车身附件情况：齐全□ 不齐全□（缺：　　　　　　） | |
| 车身外观： | 其他信息： | |

**维修任务：中控门锁系统的检查**

**1. 中控门锁系统和电动座椅的认知**

（1）操控遥控器闭锁或解锁，检查所有车门闭锁和解锁，（　　　）（正常／异常）。

（2）使用门锁控制开关闭锁或解锁，检查所有车门闭锁和解锁，（　　　）（正常／异常）。

（3）根据自己的身高等情况，调整座椅至合适的位置，请老师或组长判断，你调整的（　　　）（合适／还可以调整到更好）。

**2. 检查微动开关**（简要记录过程）

**3. 检查门锁控制开关**

分别检查门锁控制开关和"多合一"控制器的导线电阻。检查开锁和闭锁时，LOCK—门锁控制器和UNLOCK—门锁控制器两条线上的电压，简要记录过程和结果。

续表

| 4.检查门锁电动机 |
| --- |
| 　　给左前门门锁电动机两端通蓄电池电压，检查其是否正常工作。（　　）端子与蓄电池正极相连，（　　）端子与蓄电池负极相连，电动机驱动车门解锁；（　　）端子与蓄电池正极相连，（　　）端子与蓄电池负极相连，电动机驱动车门闭锁。 |

## 同步练习

### 一、填空题

1.电动后视镜可以控制后视镜的_____和_____的调节。

2.电动后视镜根据安装位置不同分为_____和_____。

3.电动车窗开关包括_____开关和_____开关。

4.电动车窗电机通电产生旋转运动后，通过_____减速机构减速，在输出齿轮上获得低速大扭矩。

5.天窗能使车内空气流通，增加新鲜空气的进入，还起到开阔视野、_____和_____的作用。

6.电动座椅是指以_____为动力源，通过传动装置和执行机构来调节座椅不同方向的位置，使驾驶员或乘客乘坐舒适的座椅。

7.安全气囊系统属于辅助约束系统的一部分，是对座椅和安全带的补充，是一种_____安全系统。

### 二、判断题

1.可以直接用手来调节电动后视镜。（　　）

2.防夹电动车窗在车窗升降范围内都有防夹功能。（　　）

3.缺少洗涤液时，可以临时加入清水。（　　）

4.一般在车窗电机的电枢电路中串联有过热保护装置。（　　）

5.刮水器洗涤挡位一般具有自动回位功能。（　　）

6.在洗涤器缺少洗涤液时，尽可能减少刮水器的干刮工作，否则在污染物未能得到湿润、清洗的情况下，强行干刮会导致刮刷损坏。（　　）

7.有的电动后视镜还带有折叠功能，驾驶员可以单独控制一侧的电动后视镜折叠。（　　）

### 三、简答题

1.简述电动后视镜自动降窗如何操作。

2. 车窗防夹功能满足哪些条件才能起作用？

3. 前刮水器有哪些挡位，各个挡位具有什么功能？

4. 简述 2 ～ 3 条更换、添加洗涤液时要注意的事项。

5. 简述汽车电动后视镜的功能。

6. 简述中控门锁系统的组成。

新编21世纪职业教育精品教材

适用于职业院校、技工院校汽车类专业

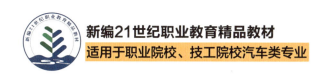

# 新能源汽车
# 电气设备构造与维修
## （微课版）

主　编◎谷　磊　　梁广彪

副主编◎刘桃青　余正方　廖　周
　　　　张思越

参　编◎谢伟钢　林满丰　文渠坝
　　　　韩东阳　罗裕雄　张　梅
　　　　邹贺伟　蓝朗辉　黄　娜

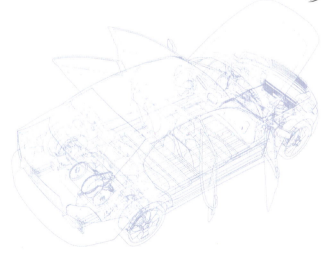

中国人民大学出版社

·北京·

**图书在版编目（CIP）数据**

新能源汽车电气设备构造与维修：微课版 / 谷磊，梁广彪主编. -- 北京：中国人民大学出版社，2025. 6.
（新编 21 世纪职业教育精品教材）. -- ISBN 978-7-300
-33581-0

Ⅰ. U469.720.7

中国国家版本馆 CIP 数据核字第 2025R395L2 号

新编 21 世纪职业教育精品教材
适用于职业院校、技工院校汽车类专业
**新能源汽车电气设备构造与维修（微课版）**
主　编　谷　磊　梁广彪
副主编　刘桃青　余正方　廖　周　张思越
参　编　谢伟钢　林满丰　文渠坝　韩东阳　罗裕雄　张　梅　邹贺伟　蓝朗辉　黄　娜
Xinnengyuan Qiche Dianqi Shebei Gouzao yu Weixiu (Weikeban)

| | | |
|---|---|---|
| 出版发行 | 中国人民大学出版社 | |
| 社　　址 | 北京中关村大街 31 号 | 邮政编码　100080 |
| 电　　话 | 010－62511242（总编室） | 010－62511770（质管部） |
| | 010－82501766（邮购部） | 010－62514148（门市部） |
| | 010－62511173（发行公司） | 010－62515275（盗版举报） |
| 网　　址 | http://www.crup.com.cn | |
| 经　　销 | 新华书店 | |
| 印　　刷 | 北京瑞禾彩色印刷有限公司 | |
| 开　　本 | 787 mm×1092 mm　1/16 | 版　　次　2025 年 6 月第 1 版 |
| 印　　张 | 12.25 | 印　　次　2025 年 6 月第 1 次印刷 |
| 字　　数 | 216 000 | 定　　价　48.00 元 |

　　党的二十大报告指出，推动战略性新兴产业融合集群发展，构建新一代信息技术、人工智能、生物技术、新能源、新材料、高端装备、绿色环保等一批新的增长引擎。目前，随着科技的不断进步和政策扶持力度的加大，新能源汽车产业取得了长足的发展，我国已经成为全球最大的新能源汽车市场，新能源汽车的普及和应用呈现快速增长趋势。这不仅为我国经济的持续健康发展注入了新的动力，也为全球汽车产业的转型升级贡献了中国智慧和中国方案。

　　本教材依托"德国博世应用型和技术技能型人才培养合作试点项目"及"中德先进职业教育合作项目（SGAVE）"，以行动导向理念为核心，深度融合德国"双元制"教育模式，构建"校企双元协同、工学深度交替"育人体系。本教材立足职业教育类型化定位，以国产主流新能源汽车车型的检测与维修为实践载体，聚焦电气设备"高压化、智能化、网联化"技术特征，系统化融入德国"双元制"中"企业标准流程化、实践任务系统化"的设计精髓，围绕"构造—诊断—维修"职业能力链，开发"学校理论模块＋企业真实工单"双元配套项目，同步对接"1＋X"新能源汽车职业技能等级证书标准与职业院校技能大赛赛规。

　　本教材主要包括以下内容：项目一介绍新能源汽车电气维修基础，包括新能源汽车电路图的识读、新能源汽车电气系统常见元件的检查、低压蓄电池的工作原理和检修。项目二介绍新能源汽车照明与信号系统、仪表系统的工作原理和检修，包括照明灯、信号灯、喇叭、引擎音模拟器、仪表系统的工作原理和检修。项目三介绍新能源汽车空调系统的工作原理和检修，包括空调制冷系统基础部分、电控部分及空调暖风系统的工作原理和检修。项目四介绍新能源汽车车身辅助电气系统的工作原理和检修，包括电动车窗、刮水器和洗涤器、电动后视镜、中控门锁系统、电动座椅、安全气囊等的工作原理和检修。

本教材具有以下特点：

（1）落实立德树人根本任务，积极响应思想政治教育贯穿人才培养体系的指导精神，通过"思政与技术融合""技术与数字融合""课程与赛证融合"三维路径，将思政元素有机融入教学过程，实现"德技并修、知行合一"的新能源汽车复合型技术人才培养目标。

（2）以"双元制"开发为纽带，由多位院校教师、企业维修技师等联合组成编写团队，采用理实一体的编写模式，从"岗课赛证"综合育人理念出发，融合企业的维修岗位技能、技能大赛要求与"1+X"证书等内容，确保教材的实用性和适应性。

（3）以项目任务为驱动，构建"项目—任务—能力"架构。通过岗位分析提炼职业能力，融入教学项目及任务模块。每个任务设案例导入（情境创设）、知识介绍（理论解析）、任务实施（技能实训）等环节，有机融合学科体系与职业过程，强化教材职业导向。

（4）以技能培养为重点，采用工作手册式编写范式，理论内容精练实用，突出"必需、够用"原则；实训内容贴合工作一线实际，引入新技术、新工艺，确保学生毕业后能够快速适应岗位技能要求。

（5）以纸质教材为载体，注重现代信息技术使用，配套建设视频、习题库、案例库、实训工单等新形态数字资源，尤其是对较难理解的电路图进行了生动、详细的讲解和分析，实现立体化"纸、数"融合。

本教材是与博世汽车服务技术（苏州）有限公司校企合作开发的双元教材，由徽商职业学院谷磊和广州科技职业技术大学梁广彪任主编，刘桃青、余正方、廖周、张思越任副主编，谢伟钢、林满丰、文渠坝、韩东阳、罗裕雄、张梅、邹贺伟、蓝朗辉、黄娜任参编。本教材同时是"谷磊技能大师工作室"（项目号：2023jnds055）、"新能源汽车技术"服务安徽十大新兴产业特色专业（项目号：2023sdxx249）成果。希望通过学习教材中介绍的内容，新能源汽车相关专业学生及维修人员能够掌握新能源汽车结构原理，提升检查和排除新能源汽车电气故障的能力。

编写本教材时，多位业内专家和同人给予了极大的支持和鼓励，在此表示衷心感谢。在编写过程中，编者参考了大量书籍、网站、期刊等，在此对相关作者致以诚挚的谢意。

由于时间和能力所限，书中难免存在错误和疏漏之处，恳请各位同人和广大读者批评指正，以便今后不断修改完善。

编　者

项目一

# 新能源汽车电气维修基础

 **学习目标**

知识目标：1.掌握新能源汽车电气系统的组成。

2.掌握新能源汽车电气系统的特点。

3.掌握使用万用表检查熔断器、继电器等的方法。

能力目标：1.能识读熔断器位置分布图，找到熔断器的具体位置。

2.能识读带有继电器的电气原理图，找到继电器、线束等的具体位置。

3.会使用万用表检查熔断器、继电器等元件。

素养目标：1.提升学习元认知能力。

2.在协同合作中提升沟通能力。

**建议学时**

12个学时。

**项目情境**

王同学到企业汽车维修岗位实习，需要熟悉比亚迪秦EV电气元件的具体位置，熟悉电路图，学会检修电路中熔断器、继电器等常见元件，以便能尽快独立处理电路中较为简单的故障。

## 任务一　新能源汽车电路图的识读

### 案例导入

一辆比亚迪秦家用轿车出现与电池过热相关的故障码，维修技师王师傅交代你检查电池冷却水泵的熔断器和熔断器输出线是否正常。你会怎么做？

### 知识介绍

#### 一、新能源汽车电气系统的组成

新能源汽车电气系统的功能是保证车辆在行驶过程中的可靠性、安全性和舒适性。一般新能源汽车电气系统由电源系统、配电装置和用电设备三部分组成。电源系统包括高压动力电池、充电系统、DC-DC（直流变频器）、低压蓄电池、发电机等元件。配电装置包括中央配电盒、熔断器、继电器、线束、电路开关等，它们连接电源系统和用电设备，使全车电路构成一个统一的整体。新能源汽车用电设备可分为高压用电设备和低压用电设备，低压用电设备又可以分为以下系统。

（1）照明与信号系统主要由照明系统、信号系统、声响报警系统等组成，包括前照灯、雾灯、转向信号灯及喇叭等。

（2）仪表系统包括功率表、车速里程表、信息显示屏等，如图1-1所示。

（3）空调系统主要包括制冷系统和暖风系统。

（4）车身辅助电气系统包括电动车窗、中控门锁、电动后视镜、风窗玻璃刮水器等。

（5）电子控制系统包括防抱死制动系统、驱动电机控制系统等。

新能源汽车不需要专用于起动的起动机，因此不需要专用于控制起动机的起动系统。

功率表　　信息显示屏　　车速里程表

**图1-1　仪表系统**

#### 二、新能源汽车电气系统的特点

新能源汽车电气系统有高压和低压并存、负极搭铁、用电设备并联等特点。

（1）高压和低压并存。低压是指一般汽车的标称电压为12V和24V，汽油车普遍采用12V电源系统。新能源汽车高压部分电压通常为300～650V，高压电源可以为低压蓄电池补充电能。新能源汽车高压和机械部件的工作受控于低压电气系统。

（2）直流和交流并存。新能源汽车与燃油汽车一样，其绝大多数用电设备采用直流电驱动，驱动电机一般采用交流电驱动。

（3）低压单线制和高压双线制。从低压电源到低压用电设备使用一根导线连接，另一根导线则由汽车车身或机体代替。单线制可以节约导线，使线路简化，也便于检修。新能源汽车高压用电设备一般采用双线制，高压线束一般采用橙色线束，便于识别，如图1-2所示。

（4）负极搭铁。低压用电设备采用单线制时，蓄电池的负极接到车身上，称为搭铁。

（5）用电设备并联。用电设备并联，是指汽车上的各种用电设备都采用并联方式与电源连接，每个用电设备都由各自串联在其支路中的专用开关控制，互不干扰。

图1-2　高压线束

## 三、继电器和熔断器位置分布图的识读

汽车电路图有很多种类，比亚迪秦EV电路图册主要包括三部分，即继电器和熔断器位置分布图、整车线束图和电气原理图。

继电器和熔断器位置分布图用于说明继电器和熔断器的位置。熔断器即保险丝，安装在电路中起保护作用。熔断器和继电器安装在一个固定的底座内，这个底座可以称为熔断器盒、继电器盒或配电盒等。在不同的车型中，它们又有各自的代码或名称。

2021款比亚迪秦EV有两个配电盒，分别是位于前舱的前舱配电盒和位于驾驶室的仪表板配电盒。前舱配电盒附配的熔断器按相应位置编号为F1/1、F1/2……；仪表板配电盒附配的熔断器按相应位置编号为F2/1、F2/2……。前舱配电盒附配的继电器按相应位置编号为K1-1、K1-2……；仪表板配电盒附配的继电器按相应位置编号为K2-1、K2-2……。

例如，若怀疑2021款比亚迪秦EV右前车窗熔断器出现熔断故障，通过查找仪表板配电盒标贴，发现F2/2是右前车窗熔断器。如果标贴模糊或丢失，可以查找维修资料。例如，在比亚迪秦EV电路图册中找到"第一节　继电器、熔断器位置分布图"，再找到如图1-3所示的熔断器编号示意图。通过查找熔断器编号示意图，确定 F2/1 是左后车窗熔断器，F2/2 是右前车窗熔断器，F2/24 为右后车窗熔断器，F2/44 为左前车窗熔断器，这四个熔断器的额定电流都是 20A。

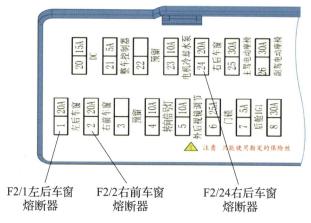

图 1-3　前舱熔断器编号示意图（部分）

## 四、线束图的识读

将同区域不同规格的导线缠绕包扎成束，称为线束。线束图是导线在车上熔断器的分布图，主要表明线束与各用电设备的连接部位、接线柱的标记、插接器的形状及位置等。线束图常用于汽车厂总装线和修理厂的线束连接、检修、配置和更换。如图 1-4 所示，比亚迪秦 EV 线束图通常包括三部分内容，即线束图主图、插接器端子图和零件编号说明表。

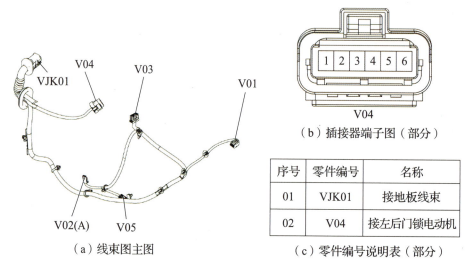

（a）线束图主图

（b）插接器端子图（部分）

| 序号 | 零件编号 | 名称 |
| --- | --- | --- |
| 01 | VJK01 | 接地板线束 |
| 02 | V04 | 接左后门锁电动机 |

（c）零件编号说明表（部分）

图 1-4　线束图

## 五、电气原理图的识读

### 1. 汽车电气原理图和接线图

汽车电气原理图中的元素主要包括插接器、熔断器、继电器、导线和用电设备。汽车电气原理图是指通过用电设备图形符号并按工作顺序或功能排列，详细表示汽车电路的全部、部分组成和连接关系，而不考虑其实际位置的简图。电气原理图能够清晰、明了地反映各用电设备的连接关系和电路原理，便于分析和查找电路故障。例如，汽车喇叭电气原理图如图1-5所示。该电路由蓄电池、熔断器、继电器、喇叭按钮、喇叭等组成，通过电路可以看出，按下喇叭按钮，继电器线圈通电，继电器开关吸合，喇叭通电发出声音。

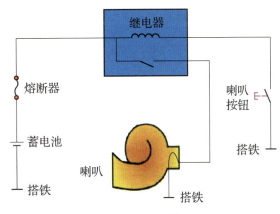

图1-5 汽车喇叭电气原理图

新能源汽车厂家提供的"电气原理图"或"系统电路图"一般是汽车电路图。汽车电路图把汽车用电设备在汽车上的实际位置用线从电源经开关到搭铁——连接起来。其优点是全车用电设备的数量明显且准确，导线的走向清楚，有始有终，便于循线跟踪，查找方便。缺点是导线纵横交错，印刷版面小且不易分辨，读图、识图费时费力，不易抓住电路重点、难点，不易表达电路内部结构与工作原理。

### 2. 电气原理图的识读基础

（1）熟悉汽车电路图中采用的图形符号的含义。要熟悉的图形符号包括导线、端子和导线的连接装置、触点与开关、电气元件、仪表、传感器、用电设备的限定符号等，常用电气符号见表1-1。要注意电阻、开关等元件在不同车型中可能会用不同的符号来表达。

表1-1 常用电气符号表

| 电气符号 | 含义 | 电气符号 | 含义 |
|---|---|---|---|
| — | 直流 | —●⌒●— | 熔断器 |
| ～ | 交流 | —▷⊢ | 二极管 |
| ＋ | 正极 | ⌒⌒⌒ | 线圈 |
| － | 负极 | ⊗ | 灯 |
| ⊥ | 搭铁 | —⊢⊦— | 蓄电池 |

（2）熟记电路标记。为了便于绘制和识读汽车电路图，在许多电气元件或其接线柱上都有对应标记。例如，很多汽车用"30"表示常电正极；"15"表示点火开关在 ON 挡工作时接通的电源正极；"31"表示搭铁负极线；"M"表示电动机等。

（3）掌握汽车电路中各种元器件和单元电路的工作原理。必须掌握蓄电池、一键起动开关、电动机等各个具体元件的工作原理。

（4）掌握配线的标识。为了便于识别和检修汽车电气元件，通常将线束中的低压线采用不同的颜色区分。在选配线时，习惯采取两种选用原则，即以单色线为基础的选用和以双色线为基础的选用。导线颜色的标注采用颜色代号表示，见表 1 - 2。为了防止导线绝缘层褪色，某些车在导线绝缘层上印制颜色代号。配线颜色的代号因车型不同而有所区别，识图时需加留意。

表 1 - 2　比亚迪秦 EV 导线颜色说明表

| 代号 | B | L | Br | G | Gr | Lg | O | P | R | V | W | Y |
|------|---|---|----|----|----|----|---|---|---|---|---|---|
| 颜色 | 黑 | 蓝 | 棕 | 绿 | 灰 | 浅绿 | 橙黄 | 粉红 | 红 | 紫 | 白 | 黄 |

### 3. 电气原理图的识读方法

（1）根据不同的需求，查找不同类型的电路图。汽车线束图用于确定电线束与各用电设备的连接部位、接线柱标记、线头、插接器的形状及位置；汽车插接器端子图用于确定插接器内各导线的连接位置；汽车配电盒平面布置图用于确定熔断器、继电器等的具体安装部位。

（2）全车电路一般都由各个局部电路所构成，表达了各个局部电路之间的连接和控制关系。要把局部电路从全车总电路中分离出来，就必须掌握各个单元电路的基本情况和接线规律。

（3）根据电气系统的控制方式，对电路进行分类。如果该电气系统属于电子控制系统，则可以将具体电路分成电控单元与电源的连接电路、信号输入电路和执行器工作电路。若该用电设备电路中使用了继电器，则要区分主电路及控制电路。无论是主电路还是控制电路，往往都不止一条。

（4）识图时从用电设备入手，很容易把与之相关的控制器件查找出来。同时要抓住开关所控制的对象，若开关、继电器的状态改变，则电路的工作状态也会随之改变。开关是控制电路通断的关键，特别注意继电器不仅是控制开关也是被控制对象。

（5）运用回路原则，找出用电设备与电源正负极构成的回路。

（6）在阅读局部电路图时，首先必须认真阅读图注，弄清该部分电路所包含的用电设备种类、数量、名称，进而归纳出其所属系统，有利于结合系统共性深入理解电路工作原理。

## 六、电路图中元素编码规则

### 1. 插接器的编码

比亚迪插接器的编码由三部分组成，如图1-6所示。第一部分表示插接器的位置，它用单字母表示线束的代码，如A代表装配在发动机上的发动机线束、B代表装配在前舱的前舱线束、G代表安装在管梁上的仪表板线束。

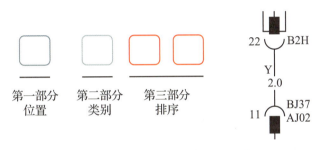

图1-6　比亚迪插接器的编码及示例

第二部分代表插接器的类别，它有三种表示方法，如果是配电盒上的插接器，则此代码用1、2、3、4来表示，1代表前舱配电盒，2代表仪表板配电盒，3代表前舱配电盒Ⅱ，4代表仪表板配电盒Ⅱ。如果是线束间的对接插接器，则采用字母J表示。如果是接用电设备的插接器、继电器，则此位置空缺，不用数字或字母表示。

第三部分由数字或字母组成，如果是字母，则表示配电盒上的插接器，该位与插接器所插配电盒的端子位置代号一致，如A、B、C、D……；如果是数字，则表示所在线束的空间位置，如01、02、03……。

例如，插接器"BJ37"，B是该插接器编码的第一部分，代表前舱线束；J是该插接器编码的第二部分，代表对接插接器；37是该插接器所属的空间位置的编号。图1-6中插接器符号方块是插头（公头），弧形是插座（母头）。

再如，插接器"G05"，G代表仪表板线束；第二部分空缺，表示接用电设备上的插接器；05表示空间位置。比亚迪插接器（插头）自锁方向朝上，插接器插头端子按从左到右、从上到下进行编号；插接器插座端子按从右到左、从上到下进行编号。

### 2. 导线的识别

常用的导线包括标准线、双绞线、屏蔽线。标准线用于一般情况下的导线连接，没有屏蔽要求，如图1-7所示。标准线的颜色用字母缩写来表示，如果是双色线，则第一个字母表示线的主色，第二个字母表示线的辅色，图1-7中L/Y表示线的颜色是蓝色带黄条，线径（截面积）为1.25mm²。在低频情况下，双绞线（见图1-8）可以靠自身来抗拒外来干扰，用于低速CAN、扬声器等。屏蔽线能够将辐射降低在一定范围内，或者防止辐射进入导线内部，造成信号干扰，如音频信号线。

图1-7 标准线

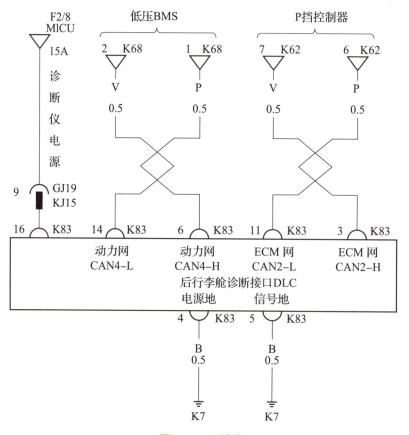

图1-8 双绞线

比亚迪秦EV搭铁线一般为黑色，整车线束搭铁点分为前舱线束搭铁、地板线束搭铁、仪表板线束搭铁、背门线束搭铁、前横梁线束搭铁。搭铁点接线通常是用一个螺母或螺柱将搭铁线直接连接到车体或金属部件上。

## 任务实施

### 一、任务实施准备

（1）实训器材：纸质版或电子版比亚迪秦 EV 电气原理图、实训车辆等。

（2）实训准备：在实训车辆内铺好脚垫、坐垫、转向盘护套等；在实训车辆外铺好翼子板防护布和前格栅防护布。

（3）安全教育：爱护车辆，不可以损伤漆面；前舱盖打开后要支承好，以防砸伤人。

### 二、电路图识读

下面以比亚迪秦 EV 电池冷却水泵电路图为例讲述电路图的识读方法。

#### 1. 比亚迪秦 EV 电路图的内容

比亚迪秦 EV 电路图主要分为三部分，即继电器、熔断器位置分布图，整车线束图，电气原理图，如图 1-9 所示。电气原理图包括前舱配电盒、仪表板配电盒、多合一、Dilink 2.1（智能网联系统）等。通过查找，发现电池冷却水泵电路电源部分在前舱配电盒里面。

**图 1-9 比亚迪秦 EV 电路图册目录**

#### 2. 识读电池冷却水泵电源电路图

如图 1-10 所示，从电路中可以看出"多合一"给 K1-3 IG4 继电器线圈提供电源；通过"内部地"可以看出，该电路经过 K1-3 IG4 继电器线圈后在前舱配电盒内搭铁。

K1-3 IG4 继电器开关部分上端直接连接低压蓄电池正极，即常电。当该继电器吸合后，常电经过继电器接合给 F1/7 10A 熔断器提供电源。

"多合一"输入给 K1-3 IG4 继电器线圈的电源端子为 BG64B 插接器 20 号

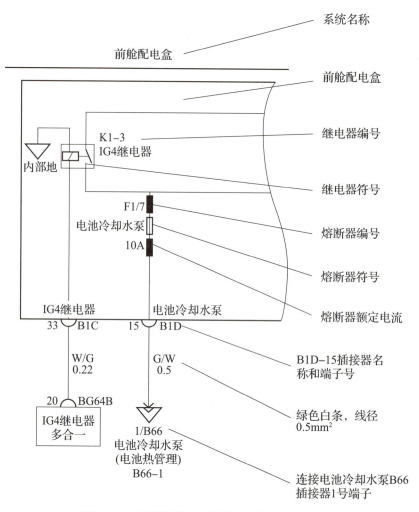

图1-10　比亚迪秦 EV 前舱配电盒电路（部分）

端子，该连接导线上标注 W/G，即该导线为白色绿条，线径为 0.22mm² ，该电流经过前舱配电盒 B1C 插接器 33 号端子输入前舱配电盒内 K1-3 IG4 继电器线圈。F1/7 10A 熔断器输出的电源经过前舱配电盒 B1D 插接器 15 号端子输出，最终输入电池冷却水泵 B66 插接器 1 号端子。

### 3. 识读电池冷却水泵电路图

　　电池冷却水泵电路在空调控制器电路中，如图1-11所示。电池冷却水泵的插接器编码为 B66，插接器 B66-1 端子连接来自 F1/7 熔断器的电源线。插接器 B66-2 端子连接集成于"多合一"的空调控制器 BG64C-16 端子，空调控制器通过此端子向电池冷却水泵发出占空比信号，改变占空比信号就可以控制电池冷却水泵的转速。插接器 B66-3 端子连接搭铁线。

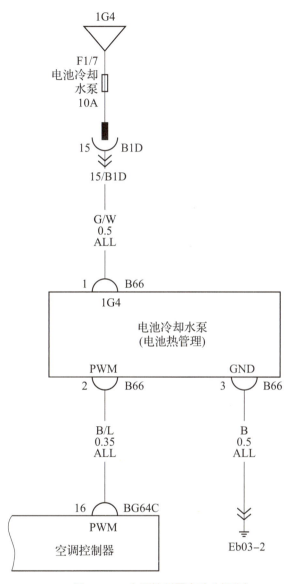

图 1-11 空调控制器电路（部分）

### 4. 识读电池冷却水泵搭铁电路图

检查电池冷却水泵搭铁情况时，需要查找电池冷却水泵的搭铁线，通过查找前舱线束图，可以找到电池冷却水泵搭铁线的具体位置。2 号搭铁线 Eb02 位于 B05 左组合灯总成插接器一旁，如图 1-12 所示。

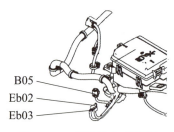

B05
Eb02
Eb03

图 1-12　前舱线束（部分）

B05—接左组合灯总成；Eb02—接 2 号搭铁；Eb03—接 3 号搭铁

 任务二　新能源汽车电气系统常见元件的检查

**案例导入**

一辆比亚迪秦家用轿车，仪表板配电盒内一个继电器频频发出异响，需要你对该继电器进行检查。

**知识介绍**

### 一、汽车电气故障的常用诊断方法

电流总是在一个完整的电路中流动。一个完整的电路，就必须有电源、导体、负载和地线。如图 1-13 所示，在该电路中，除电源部分（蓄电池）及用电设备（灯泡）外，其余的都是配电装置。现代汽车电气系统的配电装置主要包括电路的熔断器、继电器、线束、电路开关和中央配电盒等。中央配电盒布置在直接从蓄电池引出的电路中，有些配电盒则由点火开关进行控制。

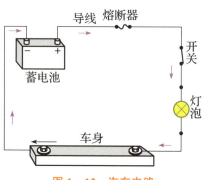

图 1-13　汽车电路

汽车电气系统的线路故障一般包括短路、断路、接触不良等。短路包括接地短路和电源短路，接地短路是电路未经用电设备而提前接地的一种故障现象，如图 1-14 所示。短路可能会使大量的电流流过，过量的电流会熔断熔断器。电源短路通常是指一个电路的两个独立分支因导线绝缘层破损而相互连接。在图 1-15 中，电流绕过开关直接流至灯泡，这就出现了即使开关处于断开状态，灯泡也会点亮的情况。

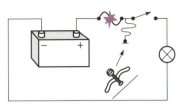

图 1-14　接地短路

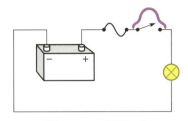

图 1-15　电源短路

断路是一种不连续的、有中断的电路故障。由于断路后电路不再是一个完整的回路，因此电流不会流通。在图 1-16 中，开关断开电路，并切断了电流。接触不良会引起整个电路或某个器件断断续续地导通，或者电路中电流过低。

有些故障一目了然，如灯泡损坏、熔断器损坏、导线脱落、触点腐蚀。对电路进行检查前，先排除灯泡损坏等一些可以直观检查的故障。有些故障需要进行诊断，下面介绍配电装置常用元件的检修方法。

（1）问诊法。认真听取客户的反映，在详细了解故障现象和故障发生经过的基础上，作必要的故障确认。

（2）直观诊断法。直观诊断法是指仅凭维修人员的直接感觉和经验来检查和排除故障。当汽车电气系统的某部分发生故障时，会出现冒烟、火花、异响、焦臭、高温等异常现象。通过人体的感觉器官，采用望、闻、问、切的方法对汽车用电设备进行检查，可判断出故障的所在部位。例如，如图 1-17 所示，通过继电器盒找到相应的继电器，触摸发现继电器的工作温度特别高，或听到继电器持续发出接合断开的声音，可判断继电器工作异常。

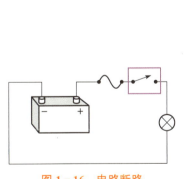

图 1-16　电路断路

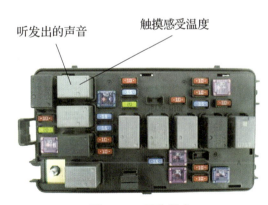

听发出的声音　　触摸感受温度

图 1-17　继电器盒

（3）断路诊断法。断路诊断法适用于电气系统发生搭铁短路故障，出现这种故障时用电设备正常工作，可断开用电设备相关电路进行检查。

（4）短路诊断法。短路诊断法是当怀疑某低压电路断路时，用导线将这一线路或用电设备短路，观察用电设备的变化，以检验和确定故障部位的方法。

例如，当车窗玻璃升降电动机不受控制时，如果怀疑是车窗控制开关故障，可以使用导线将车窗控制开关短路，如果车窗玻璃升降电动机能正常工作，则可以确认是车窗控制开关故障。对于现代汽车的用电设备，应慎用短路法来诊断故障，以防止短路时因瞬间电流过大而损坏用电设备。

（5）换件对比法。换件对比法是指用规格相同、性能良好的用电设备去代替怀疑有故障的用电设备以进行比较和判断故障的方法。对于难以诊断且故障涉及面大的故障，可利用换件对比法以确定或缩小故障范围。

（6）试灯诊断法。如图1-18所示，用一个汽车灯泡作试灯，通过观察试灯的亮与不亮或亮的程度，来判断某段电路是否出现断路、短路或接触不良的情况。例如，在检查汽车电气系统是否断路时，可在怀疑断路处接上试灯，如试灯不亮，则说明该电路有断路现象；反之，则认为电路正常。

灯泡

图1-18　试灯

（7）利用自诊断系统进行诊断。现代汽车的电子控制系统一般具有自诊断功能，维修人员可用故障诊断仪通过车上的诊断插口读取故障码。如果同时出现多个故障码，要找出其内在联系，判明是自生性故障还是他生性故障。

（8）仪器仪表检测法。利用万用表、示波器等，对电气元件和电子控制系统进行检测，确定其技术状况。

（9）逻辑诊断法。汽车的某些故障现象一定与产生这种故障的原因有着某种必然的联系，逻辑分析法是根据故障现象进行逻辑推理找到故障原因的方法。例如，如果相关的几条线路同时出现故障，原因多半在熔断器或接地线上。查找故障时，不要忽略用电设备本身搭铁不良造成的故障。

## 二、万用表的基本使用方法

常用万用表来检测汽车电路。万用表是一种多功能、多量程的测量仪表，一般可测量直流电流、直流电压、交流电压、电阻等。表上符号A、V、Ω分别表示电流、电压及电阻，符号"—"或"DC"表示直流，"～"或"AC"表示交流。万用表上有显示屏和量程选择开关等，一般测量时，旋转量程选择开关至相应的挡位，将红、黑表笔分别压紧在测试点上，待显示屏上数值稳定，即可读出测量值。

### 1. 使用万用表注意事项

万用表的结构如图1-19所示。使用万用表时，需要注意以下事项：

（1）不能用手去接触表笔的金属部分，这样才可以保证测量的准确性。

（2）测量前，旋至欧姆挡的最小量程，红黑表笔相接，显示屏应显示小于1Ω，否则说明万用表不准确。

（3）如果不知道被测电压范围，将量程选择开关置于大量程并逐渐降低量程，不能在测量中改变量程。

（4）测量电流时，选择相应的插孔连接红表笔，当电流超过 20A 或 20mA 时，会烧坏熔断器或万用表。

图 1-19　万用表的结构

电源开关
显示屏
数据保存键
量程选择开关
公共接地
电压、电阻插孔
三极管插孔
20A电流插孔
20mA电流插孔

### 2. 电阻的测量方法

用万用表测量电阻是非常常见的操作。例如，测量熔断器、灯泡、电机等的电阻，通过测量值判断被测元件是否损坏。

（1）为了防止损坏万用表，测量电阻时要断开所测元件与电源的连接。

（2）被测量元件在电路中应与其他元件分开。

（3）测量要选择正确的量程和功能，在不知道测量值时，要设置到最高量程。当显示最高位"1"时，说明被测电压或电阻已超过使用的量程，应改用更高量程测量。

（4）注意单位：在"200"挡时单位是"Ω"，在"2K"至"200K"挡时单位为"kΩ"，"2M"挡以上的单位是"MΩ"。如图 1-20 所示，万用表上显示的是47.0，使用的挡位是 200kΩ，则实际测量值为 47.0kΩ。

（5）元件的阻值会随温度而变化，将测量值与标准值进行对比，如果不在标准范围内，说明被测元件损坏。

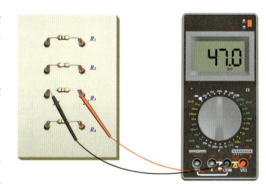

图 1-20　测量电阻

### 3. 直流电压的测量方法

用万用表可以测得电路上各点的电压和元件上的电压降。

（1）测量电压时，将万用表选择在直流电压（V）挡，选择大于且接近测量点电压的量程。如图 1-21 所示，测量点电压预估为 6V 左右，则需要选择直流电压挡 20V 或 200V 的量程。将红表笔接至电路上需要测量的点，黑表笔接到搭铁端。

（2）测量元件电压降时，选择万用表直流电压（V）挡，将红表笔接至元件电流输入端，将黑表笔接到元件电流输出端。一个完整电路中的组件或负载必须消耗一定量的电压才能工作。电压降是指当电流经过负载时电路上消耗掉的电压。只有在电流流动的情况下，才会出现电压降。例如，测量搭铁线电压降时，将红表笔接至元件搭铁端（搭铁线

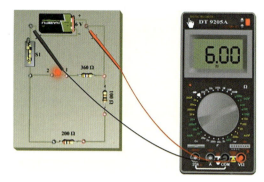

图 1-21　测量电压

的输入端），将黑表笔接到蓄电池负极柱（搭铁线的输出端，也称为极桩）。电压降也可能表明电路存在故障。例如，受损导线或插接器所导致的电阻会消耗本应提供给负载的电压。最后一个负载搭铁线侧的电压应低于 0.1V，否则应进行检修。

（3）测量 60V 直流或 30V 交流以上的电压有潜在的电击危险，在测量这类电压时要小心谨慎，以防触电。普通车辆蓄电池电压为 12V 或 24V，但是油电混合动力汽车和纯电动汽车蓄电池电压高，测量时要小心。

### 4. 直流电流的测量方法

拔出表笔，将量程选择开关置于电流挡量程，将黑表笔插入 COM 插孔，红表笔插入 mA 插孔或 20A 插孔。将红黑表笔串入被测电路中即可读数。旋入或旋出电流测量挡之前，必须先拔出表笔再旋动量程选择开关，以免损坏机械保护装置。进行测量时，不要旋动量程选择开关。

（1）对于无熔断器的电路，选择 20A 挡测量时，最大电流 20A 时间不要超过 15s。

（2）蓄电池漏电主要是由元件或线束的短路和未关闭的负载造成的。可用万用表与蓄电池电缆串接来检测是否漏电。

（3）不要测量可能超过标识的电流，以防电击和损坏万用表。例如，起动机起动时电流很大，不可以使用万用表测量该电流。

## 🚗 任务实施

### 一、任务实施准备

（1）实训器材：纸质版或电子版比亚迪秦 EV 电气原理图、实训车辆、万用表、电阻、继电器、熔断器等。

（2）实训准备：在实训车辆内铺好脚垫、坐垫、转向盘护套等；在实训车

辆外铺好翼子板防护布和前格栅防护布。

（3）安全教育：爱护车辆，不可以损伤漆面；不能使用万用表测量蓄电池电阻，不能使用万用表电流挡直接测量蓄电池电流；正确使用万用表等器材，不要恶意损坏。

微课

布置新能源
汽车维修工位

## 二、使用万用表对熔断器的检查

熔断器串联在其所保护的电路中起保护作用，它的保护元件是熔丝，当电流过大时熔丝熔断使电路断开，保护用电设备不因电流过大而损坏。熔断器有不同的规格，如图 1－22 所示。为了便于检查，熔断器上有两个检查点。熔断器都有额定电流，禁止使用大于或小于额定电流的熔断器，更不准用电阻丝或其他导体代替，否则将失去保护作用。

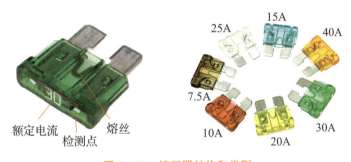

**图 1－22　熔断器结构和类型**

### 1. 检查熔断器

（1）就车检查熔断器时，需要使该电路处于导通状态。一般将点火开关置于 ON 挡即可。图 1－23 所示为比亚迪秦 EV IG1 继电器相关电路，F2/28 为仪表 IG1 5A 熔断器，上电后检查该熔断器或其他熔断器。

（2）检查时，用万用表 20V 直流电压挡先后测量熔断器两个检测点的对地电压，红表笔触及检查点，黑表笔触及蓄电池负极或搭铁。

（3）若电压都为 12V 左右，则说明熔断器是好的。如果熔断器正常工作，与熔断器相连的导线无电压，如图 1－23 中 G64E－31 无电压，则需要检查仪表板配电盒输出端子 G82－44 的电压，如果是 12V，则说明 G64E－31 和 G82－44 之间的导线可能存在断路；如果是 0V，则说明仪表板配电盒内部存在断路。

（4）若一个检查点的电压为 12V 左右，另一个为 0V，则说明熔断器断开。熔断器为一次性元件，熔断器熔断后，要查找故障原因，并彻底排除。在不便使电路导通时，可拆下熔断器，目测熔断器的熔丝是否断开，也可以检查熔断器阻值，标准阻值小于 1Ω。检查熔断器输出端和搭铁之间的阻值，如果阻值过小，则说明存在短路故障，需要对输出导线逐段进行检查。

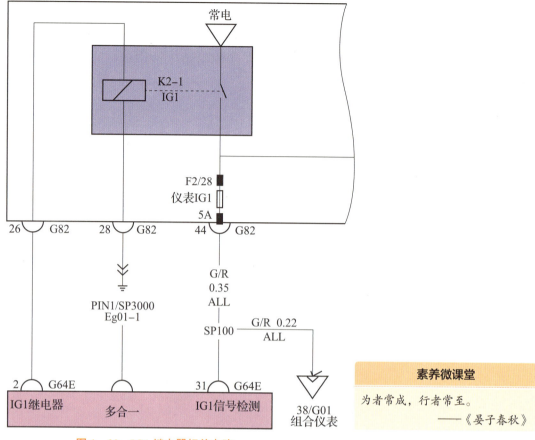

图 1-23　IG1 继电器相关电路

（5）若两检测点电压都为 0V，则说明熔断器与电源之间的电路开路，需要检查给熔断器提供电源的 IG1 继电器。

### 2. 检查熔断器座

熔断器是插在熔断器座的两个接触片上的，如图 1-24 所示。熔断器接触片在使用中可能会出现松动和锈蚀的现象，引起电路接触不良或断路故障。

（1）检查熔断器有无发热现象，熔断器座接触不良可能会出现发热现象。

（2）检查从熔断器盒输出的电压与输入熔断器的电压，通常不应出现 0.3V 以上的电压差，否则说明熔断器内部接触不良。

（3）取下熔断器，仔细检查有无氧化现象和脏污。若有脏污和氧化物，需用细砂纸磨光，使其接触良好。

熔断器接触片

图 1-24　熔断器座

## 三、使用万用表对继电器的检查

常见继电器是利用电磁原理进行工作的，它能自动接通或切断一对或多对触点，其作用在于用小电流控制大电流，减小控制开关触点的电流负荷。继电器结构和工作原理如图 1-25 所示。30 端子连接不受点火开关等控制的电源，87 端子连接负载设备，86 端子连接电源，85 端子连接搭铁。

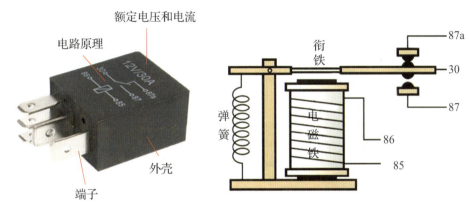

图 1-25 继电器结构和工作原理

（1）检查继电器电磁线圈两端的电阻值，大多数继电器的电阻值为 50～150Ω，电阻值不应为 0 或无穷大，否则说明电阻短路或断路。

（2）检查继电器常开触点或常闭触点的电阻值，常开触点电阻值应为无穷大，常闭触点电阻值应小于 1Ω。

（3）在继电器电磁线圈两端加 12V 电压，检查继电器常开触点或常闭触点的电阻值，常开触点电阻值应小于 1Ω，常闭触点电阻值应为无穷大。

（4）继电器内端子焊点松脱，会引起继电器所控制电路出现间歇性故障。针对间歇性故障检查继电器时，需要边测量边晃动继电器端子或使用换件法检查。

（5）由于继电器座内接触片可能出现锈蚀和松动的情况，此时，即便继电器是正常的，也不能正常工作，继电器与继电器座可能存在接触不良的情况。仔细检查接触片有无氧化现象和脏污，若有脏污和氧化物，需用细砂纸磨光，使其接触良好。

微课

继电器和熔断器的检查

配电盒内也可能出现断路的情况，如对于 IG1 继电器相关电路，在断电后拔下该继电器，检查 IG1 继电器插接器 86 端子和 G82-26 之间的阻值应小于 1Ω，检查 IG1 继电器插接器 85 端子和 G82-28 之间的阻值应小于 1Ω，检查 IG1 继电器插接器 30 端子和电源正极之间的阻值应小于 1Ω，检查 IG1 继电器插接器 87 端子对应插座和 G82-44 之间的阻值应小于 1Ω。

## 四、线束的拆装和插接器的检查

为了保护导线的绝缘性和安装方便，一般将不同规格的导线包扎成束，称为线束。汽车线束插接器是连接汽车各个电气元件的重要部件，在电源、开关、用电设备之间传递电信号，素有"汽车神经"之称，是对汽车进行电信号控制的载体。

插接器就是通常所说的插头和插座，用于线束与线束或导线与导线间的相互连接。阴插接器（插座）和阳插接器（插头）端子顺序不同，阴插接器从左上到右下依次标出编号，阳插接器从右上到左下依次标出编号，如图1-26所示。

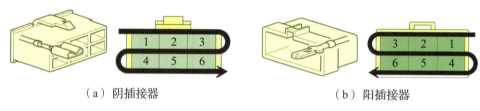

（a）阴插接器　　　　　　　　　　　　　　　　（b）阳插接器

**图1-26　插接器的编号**

### 1. 线束的拆装

（1）拆卸线束时，需要注意观察线束的固定位置和固定方式。安装线束时，应该固定良好，不可拉得过紧，以免损坏。线束在绕过锐角或穿过金属孔时，应用橡胶或套管保护，否则容易磨坏导致短路，甚至造成火灾，如图1-27所示。

（2）断开插接器时，先将插接器两半配合部分紧压在一起以使其解锁，然后压下锁爪，并分离插接器，如图1-28所示。断开插接器时，严禁硬拉线束。连接插接器前，检查并确认端子没有变形、损坏、松动或丢失。插接插接器时，用力按压直至听到插接器"咔嗒"一声而锁止。安装带卡环的插接器时，装好插接器后，检查并确认将卡环装好；装带卡锁的插接器时，直接将

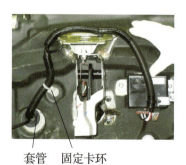

套管　固定卡环

**图1-27　线束的固定**

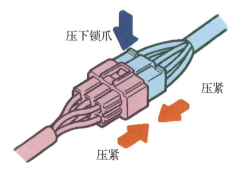

压下锁爪

压紧

压紧

**图1-28　拆卸线束插接器**

插接器推到底。使用久的插接器可能会老化，拆卸时需小心，防止弄断卡锁。

（3）为了避免安装中出现差错，插接器有不同的规格、外形和颜色，要注意区分。

### 2. 线束插接器的检查

（1）检查插接器锁紧装置应正常，安装插接器后，不能出现松动的情况。

（2）插接器常见的故障是松脱、端子脏污或连接线因拉伸而断路。检查插接器时，脱开插接器，检查插接器上端子有无松脱或脏污、接触片是否松动或出现腐蚀等损坏、端子和接触片固定是否牢靠，如图1-29所示。轻轻拉动时，端子和接触片应无松动，若接触压力低，可用小螺丝刀将接触片夹紧。

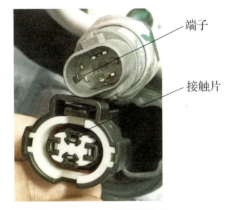

端子

接触片

图1-29　插接器的端子

## 五、使用万用表对导线的检查

汽车上使用的导线通常为低压导线，为了便于辨别，导线采用带有颜色及辅助色的绝缘材料，如图1-30所示。导线、绝缘护套、接线端子等包扎成线束，连接电气元件。

红色导线　　　　　　　　蓝色白条纹导线

图1-30　导线

（1）检查传感器接线是否断路，如图1-31所示。关闭点火开关，断开插接器A和C，测量插接器A端子1与插接器C端子1之间的阻值，应大于10kΩ。测量时轻轻晃动线束，防止漏检线路出现间歇性断路的情况。测量插接器A端子2与插接器C端子2之间的阻值，应小于1Ω。进一步断开插接器B，按以上方法测量，检查故障是合出现在C与B或B与A之间。

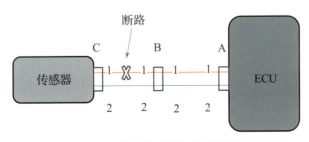

图1-31　检查传感器接线是否断路

通过检测传感器电压也可以判断是否存在断路，在各插接器保持插接时，测量插接器 A、B、C 端子 1 与搭铁之间的电压，若插接器 A、B 端子 1 与搭铁之间的电压均为 5V 左右，插接器 C 端子 1 与搭铁之间的电压低于 1V，则说明插接器 B 和 C 处有断路。

（2）检查传感器接线是否短路，如图 1 - 32 所示。断开插接器 A 和 C，分别检查插接器 A 端子 1、2 与搭铁之间的阻值，正常值应大于 10kΩ，若小于 1Ω，则为对地短路。进一步断开插接器 B 进行检查，判断故障是否处于插接器 A 和 B 或 B 和 C 之间。

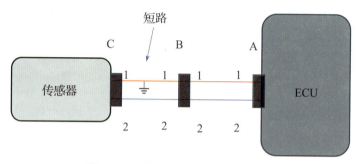

**图 1 - 32　检查传感器接线是否短路**

（3）负极搭铁线的检查。检修电路时不能忽视搭铁线的检查，可以用万用表检查搭铁线和车身之间的阻值，应小于 1Ω，并且用手摇动搭铁线检查其是否松动。当搭铁线接触不良时，可以拆下搭铁线的固定螺栓，用粗纱布对搭铁线、接触铜环、车身接触点进行打磨，彻底清理氧化物，重新拧紧固定螺栓，安装搭铁线，如图 1 - 33 所示。

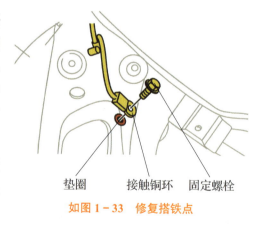

**如图 1 - 33　修复搭铁点**

## 任务三　低压蓄电池的工作原理和检修

### 案例导入

王先生反映他的比亚迪秦 EV 已经开了一段时间，但早上突然无法起动，需要你对低压蓄电池进行检查和维修。

## 知识介绍

### 一、低压蓄电池的功能

蓄电池是可以把化学能转换为电能的电气设备。蓄电池利用外界的电能促使蓄电池内部发生化学反应，把电能转换成化学能储存起来。使用蓄电池时，蓄电池内部又进行逆向的化学反应，把储存的化学能转换为电能供给外电路。低压蓄电池通常指的是额定电压较低的蓄电池。一般乘用车上低压蓄电池的额定电压为 12V。铅酸蓄电池和锂离子电池在新能源汽车上都有运用。

#### 1. 供电功能

燃油汽车发动机起动或低速运转时，如果汽车发电机无法提供足够的电力，蓄电池就会为起动机、点火系统和车内用电设备提供所需的电能。有的混合动力汽车的低压蓄电池仍保持以上功能。

纯电动汽车低压电气系统的电源包括低压蓄电池和 DC-DC 转换器。DC-DC 转换器是将高压动力电池的直流电转换为低压直流电。纯电动汽车在高压系统上电前，低压蓄电池需要向车辆的各个控制器和低压电气系统供电。上电后，DC-DC 转换器也会起动，DC-DC 转换器会给整车低压电气系统和低压蓄电池输出电流。在 DC-DC 转换器输出不足的情况下，低压蓄电池可以作为辅助电源向用电设备供电。

#### 2. 稳压保护功能

低压蓄电池在电路中可以作为大电容，起到稳定电压的作用，能够吸收车内电路中的瞬时高电压，对车内用电设备进行保护。

### 二、铅酸蓄电池的工作原理和结构

#### 1. 铅酸蓄电池的工作原理

铅酸蓄电池正极通常由二氧化铅（$PbO_2$）构成，负极通常由纯铅（Pb）构成，电解液是硫酸（$H_2SO_4$），如图 1-34 所示。在化学反应中，正极和负极活性物质与电解液中的硫酸发生反应，生成硫酸铅（$PbSO_4$）和水。充电时，硫酸铅又还原为二氧化铅和铅，水分子分解，生成硫酸，电解质变得更浓，如此反复循环。

#### 2. 铅酸蓄电池的结构

如图 1-35 所示，铅酸蓄电池通常包括正极板、负极板、隔板、电解液（盛放在电解液槽中）和外壳等部分。

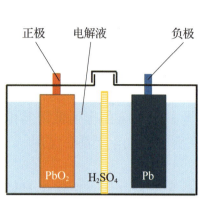

图 1-34　铅酸蓄电池的工作原理

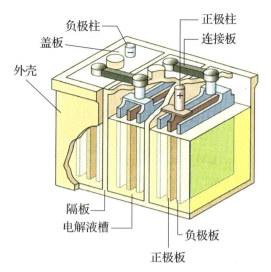

图 1-35　铅酸蓄电池的结构

（1）正极板。正极板连接蓄电池正极，它通常由纯铅、铅合金等材料制成，具有较好的化学稳定性和导电性能。正极板外表面上形成了硬质氧化膜，能避免发生进一步的电化学反应。此外，为了增加其放电容量，正极板需要做特殊的工艺处理，如在表面覆盖上一层氧化物或过氧化物水层。

（2）负极板。负极板的制造材料一般选用铅钙合金、铅锑合金、铅银合金等，它需要经过特殊工艺处理，以提高活性表面积和导电性，增加容量。负极板表面上多涂有一层二氧化锡氧氟碳聚合物，以提高耐腐蚀性能，从而减小自补电流。

（3）隔板。隔板是将正、负极板隔开的一道隔离层，它可以使电解液维持在正、负极板之间，并能确保电解液的流通达到最佳效果。隔板在铅酸蓄电池中还起到保证反应物分别带正负电荷的作用。为了防止它被电解液浸泡而膨脆，隔板大多由橡胶、异丙基橡胶等制成，并在外表面上喷涂具有耐腐蚀性能的氟碳涂料。

（4）电解液。铅酸蓄电池中的电解液一般是硫酸水溶液。它的质量和浓度直接关系到蓄电池的电化学反应速度和容量。同时，硫酸还起到稀释和溶解其他金属及铅氧化合物的作用。此外，保持电解液的一致性对于提高铅酸蓄电池的性能也十分重要。

（5）外壳。外壳是铅酸蓄电池的保护层，通常用聚氨酯、PVC 等材料制成，以防止电解液泄漏和机械损坏等问题。同时，外壳还具有阻隔外来物质的作用，以避免互相干扰。

## 三、锂离子电池的工作原理和结构

### 1. 锂离子电池的工作原理

锂离子电池一般采用含有锂元素的材料作为电极，是现代高性能电池的代表。锂离子电池是一种二次电池（充电电池），与其他类型的电池相比，其不仅小型轻量化，而且能储存的电能高。如图 1 - 36 所示，锂离子电池主要依靠锂离子在正极和负极之间移动来工作。在充放电过程中，锂离子在两个电极之间往返嵌入和脱嵌：充电时，锂离子从正极脱嵌，经过电解质嵌入负极，负极处于富锂状态；放电时则相反。

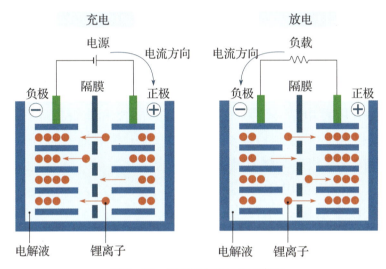

图 1 - 36　锂离子电池工作示意图

### 2. 锂离子电池的结构

锂离子电池的结构如图 1 - 37 所示，由正极、负极、隔膜、电解液和外壳等组成。

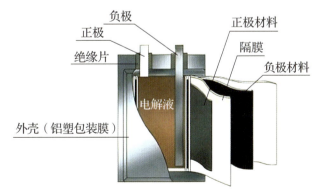

图 1 - 37　锂离子电池的结构

（1）正极。正极采用的活性物质一般为锰酸锂、钴酸锂或镍钴锰酸锂。

（2）隔膜。隔膜是一种经特殊成型的高分子薄膜，薄膜有微孔结构，可以让锂离子自由通过，而电子不能通过。

（3）负极。负极采用的活性物质为石墨或近似石墨结构的碳，导电集流体使用厚度为 $7 \sim 15\mu m$ 的电解铜箔。

（4）电解液。锂离子电池电解液是电池中离子传输的载体，一般由锂盐和有机溶剂组成，它是锂离子电池获得高电压、高比能等优点的保证。电解液一般是由高纯度的有机溶剂、电解质锂盐、必要的添加剂等，在一定条件下、按一定比例配制而成的。

（5）外壳。电池外壳分为钢壳（方形电池很少使用）、铝壳、镀镍铁壳（圆柱电池使用）、铝塑膜（软包装）等。

## 四、低压蓄电池管理系统的工作原理

比亚迪 e5 低压蓄电池（见图 1-38）内部包含电池管理系统（BMS），其通过通信口可以和整车控制模块交互信息。低压蓄电池有电压、电流和温度监测功能，存在异常状态会触发故障报警功能，当低压蓄电池故障报警时，仪表板上故障指示灯点亮，同时显示"请检查低压蓄电池系统"。

车辆拥有智能充电模式，当检测到低压蓄电池电量偏低时，在满足安全条件的情况下，通过动力电池及 DC-DC 转换器给低压蓄电池充电。低压蓄电池还有休眠、唤醒功能，当车辆长期存放后，低压蓄

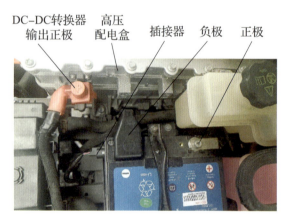

图 1-38 比亚迪 e5 低压蓄电池

电池可能已进入休眠状态，智能钥匙将无法实现遥控寻车及车辆解锁功能，此时只需将智能钥匙靠近左前车门附近，按下左前车门的微动开关，即会唤醒低压蓄电池。低压蓄电池处于休眠状态时，电池管理系统接通 MOS 管，正极柱接通。

比亚迪 e5 低压蓄电池控制电路如图 1-39 所示。低压蓄电池总成带有电池管理系统，其上连接有采样线、CAN 线等，低压蓄电池插接器有三条接线，即连接唤醒开关的信号线、CAN-H 线和 CAN-L 线。

唤醒开关

正极柱

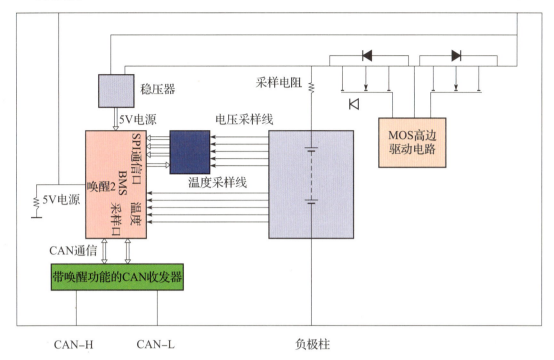

图 1-39　比亚迪 e5 低压蓄电池控制电路

## 任务实施

### 一、拆装和检修低压蓄电池的注意事项

（1）给低压蓄电池充电的是 DC-DC 转换器，不能拆下高压配电盒来检查 DC-DC 转换器。

（2）铅酸蓄电池内部电解液是密度为 1.24～1.28g/cm³ 的稀硫酸，不能重压蓄电池，切勿对铅酸蓄电池进行解体维修，以免损坏铅酸蓄电池，或者造成人员受伤。更换铅酸蓄电池时，应轻拿轻放，防止蓄电池破裂后电解液飞溅出米。电解液具有较强的腐蚀性，应避免接触皮肤或溅落到眼睛内。如果触及电解液，迅速用大量清水冲洗，并立即就医；在储存、搬运、使用、充电等场合，蓄电池周围都严禁明火。

微课

触电与自救

（3）更换蓄电池前，要注意关闭点火开关或下电。先拆下蓄电池负极，再拆下蓄电池正极。

（4）电源挡位处于"OFF"挡智能充电时，车辆会发出上"OK"挡时的

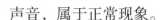 

声音，属于正常现象。

（5）智能充电时，不能进行维修工作。

## 二、低压蓄电池的使用和维护

### 1. 低压蓄电池的使用

（1）在动力电池电能不足时，不能长时间使用低压用电设备，防止蓄电池过度放电。

（2）蓄电池长期充电不足或放电后长时间放置会引起极板硫化，因此要避免上述情况，以免造成蓄电池损坏。

（3）使用中防止正、负极柱接触金属导体或液体造成直接短路。

（4）清理干净蓄电池盖上的泥土等脏物，并保持干燥，以免发生自放电现象。清理时，可用热水冲洗电极，但要避免正负极短路。

（5）混合动力汽车发动机运转，使用灯光等用电设备时，切勿断开蓄电池。若断开蓄电池，用电设备将失去吸收蓄电池电路中产生的瞬时过电压的功用，因而容易损坏。

（6）使用类似图1-40所示的跨接电缆（俗称"过江龙"）需要遵守车辆维修手册的规定。例如，比亚迪秦DMi严禁车辆未上"OK"挡即对其他车辆进行搭接对火，否则可能会损坏低压蓄电池。

（7）清洗装有铅酸蓄电池的车辆时，注意避免让液体进入铅酸蓄电池中。

（8）若车辆需要长期放置，应断开蓄电池负极线。但是有的车辆配有智能充电功能，因此车辆长时间放置时，可以不切断低压蓄电池。

图1-40　蓄电池跨接电缆

### 2. 低压蓄电池的维护

目前使用的蓄电池基本都是免维护蓄电池，基本不需要检查和添加电解液。

（1）检查蓄电池外壳是否龟裂或变形。

（2）检查蓄电池是否固定牢靠，如果固定不牢靠，则剧烈振动将影响其使用寿命。

（3）蓄电池负极电缆与车身连接不良也会造成蓄电池工作不良，应注意检查固定螺栓是否松动、电缆是否锈蚀，如图1-41所示。

（4）检查蓄电池极柱和连接桩头是否有氧化物或松动。如图1-42所示，目测蓄电池极柱和连接桩头是否有白色或绿白色的氧化物，有些氧化物在极柱和蓄电池连接桩头之间，目测较难发现。可以拆卸连接桩头，观察蓄电池极柱和连接桩头内圆柱面上有没有氧化物。

负极电缆

固定螺栓

**图 1-41　检查固定螺栓和负极电缆**

检查有没有氧化物

**图 1-42　蓄电池连接桩头**

就车检测时，可以通过感觉蓄电池极柱与连接桩头的温度来判断，若烫手且连接牢固则说明有氧化物。若有氧化物需要用刷子进行刷除或在极柱表面涂上小苏打水，有气泡产生，同时小苏打水逐渐变成褐色。当极柱不再冒出气泡后，用清水洗净，并用布擦干。最后在极柱表面及连接桩头上涂抹油脂，以防止腐蚀。

（5）检查连接桩头上的保护罩是否破裂，如图 1-43 所示。若破裂，需要更换，检查蓄电池支架是否良好。

（6）从观察窗观察。有的免维护蓄电池带有观察窗，如图 1-44 所示。当蓄电池液面及充电正常时，从观察窗可以看到绿色圆圈；当蓄电池液面正常，但充电不足时，从观察窗看到的是黑色；当蓄电池液面过低时，从观察窗看到的是白色或黄色，这时需要更换蓄电池。

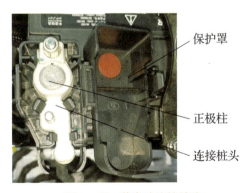

保护罩

正极柱

连接桩头

**图 1-43　蓄电池连接桩头**

（a）绿色　　（b）黑色　　（c）白色

**图 1-44　蓄电池观察窗**

### 3. 蓄电池的充电

蓄电池充电包括首次使用新蓄电池进行的初充电和蓄电池容量不足时的补充充电，补充充电是维修人员经常操作的。搬运、储存蓄电池时不要倾斜45°

以上。

（1）充电前准备。蓄电池充电机的控制面板如图 1-45 所示。关闭电源总开关，将挡位选择开关置于 0 挡位。将充电机红色鳄鱼夹夹在蓄电池正极上，黑色鳄鱼夹夹在蓄电池负极上，如图 1-46 所示。接错蓄电池正负极会导致严重事故。蓄电池上有正、负极柱的符号，且正极柱的直径明显大于负极柱。

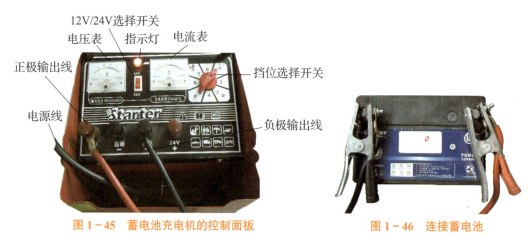

图 1-45　蓄电池充电机的控制面板　　　　图 1-46　连接蓄电池

（2）选择充电电压和充电电流。在充电机控制面板上有 12V/24V 选择开关，选择 12V。查看蓄电池的额定容量，如蓄电池型号为 12V 65A·h，其中 65A·h 为额定容量。打开电源开关，选择合适的电流挡位，一般选择额定容量的 1/15～1/20，最大电流不能超过额定容量的 1/3。要避免大电流过充电，否则会引起蓄电池正极板上二氧化铅脱落而损坏。蓄电池放电后，若电压低于 11V，则内部阻抗很大，充电开始时只能选择较低的电流。将充电的蓄电池在电解液温度为 25±5℃ 的条件下，以 20h 放电率的放电电流连续放电至单格平均电压降至 1.75V 时，输出的电量称为额定容量。

（3）进行充电。铅酸蓄电池会产生可燃性和爆炸性的氢气。使用工具时，不应使铅酸蓄电池产生火花。蓄电池充电时，保持通风，禁止吸烟和点火。在充电过程中，应密切注意蓄电池的温度，防止充电时间长、充电电流大而引起过充电。充电至观察窗显示绿色或蓄电池稳定的开路电压大于 12.6V，即可结束充电。将充电机挡位选择开关调整到 0 挡，可以观察到蓄电池稳定的开路电压。

（4）结束充电。将挡位选择开关调整至 0 挡，拔下充电机电源线，拆下蓄电池正负极上的鳄鱼夹，将充电机电源线、正负极输出线放在充电机线槽内，再让充电机归位。

### 三、低压蓄电池的检查

#### 1. 利用放电计进行检查

如图 1-47 所示，测量时将两鳄鱼夹分别夹紧蓄电池的正负极，按住按钮保持 3s 后，若其电压能保持在 9.6V（黄色区域）以上，说明蓄电池性能良好，但存电不足；若能稳定在 10.6 ～ 11.6V（绿色区域），说明蓄电池存电充足；若电压迅速下降至 8V（红色区域），说明没电或蓄电池性能不良，充电后测试，若指针还在红色范围，需要更换蓄电池。放电计测量蓄电池时间不能超过 3s，否则容易烧坏。直接测量蓄电池无负载状态下的开路电压来判断蓄电池存电情况是不准确的，因为无负载情况下的开路电压可能是蓄电池虚电压。注意，有的蓄电池不适合此种方法，此时可以参考车辆的维修手册。

#### 2. 检查蓄电池故障性自放电

蓄电池在无负载的状态下，电量自动消失的现象称为自放电。蓄电池的自放电是不可避免的。充足电的蓄电池在 30 天之内每昼夜容量降低超过 2%，称为故障性自放电。

断开汽车上的点火开关、灯光开关、空调开关等开关，让车上的电气元件尽量不工作。按图 1-48 所示的方法连接万用表（电流挡）进行测量，如果电流小于 0.2 ～ 0.25A，且车辆常出现亏电现象，即可判断为蓄电池故障性自放电；如果电流大于 0.2 ～ 0.25A，则说明电路中有短路情况，需进行检修。

图 1-47  用放电计检测蓄电池

图 1-48  测量电流

#### 3. 蓄电池内部电池管理系统的检修

蓄电池可以通过其内部的电池管理系统（BMS）监控和管理蓄电池的状态，包括电压、电流和温度。当蓄电池电压过低或有异常情况发生时，BMS会触发故障报警功能，以确保车辆的正常运行。与 BMS 相关的故障码包括：B1FB2——电源电压过低故障，B1FB3——电源电压过高故障，B1FB4——电源电流过大故障，B1FB5——电源温度过高故障，B1FB9——MOS（场效应晶体管）失效故障。下面以比亚迪 e5 "B1FB2——电源电压过低故障" 为例阐述检修方法。

（1）在未上电时，检查低压蓄电池的电压，正常情况应为 12.6V 左右。如果测量结果为 13.8V 左右，说明 DC-DC 转换器正在为低压蓄电池供电。上电后 DC-DC 转换器工作，此时低压蓄电池电压应为 13.8V 左右。

（2）如果测量结果为 0V，说明低压蓄电池处于休眠状态，由于条件不足，没有被唤醒。按下左前车门微动开关（见图 1-49）2s 左右，正常可以唤醒低压蓄电池，如果低压蓄电池电压依然为 0V，检查左前车门微动开关是否能正常按下和弹起。车门微动开关电路如图 1-50 所示，检查按下左前车门微动开关时 T08-6 和 T08-5 应导通，松开左前车门微动开关时 T08-6 和 T08-5 应断开，并检查左域车身控制器 TG64（H）-18 和左前车门微动开关 T08-5 之间的连接情况，应无断路或对地短路；检查左前车门微动开关 T08-6 和车身之间的阻值，应小于 1Ω。

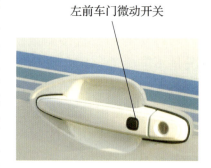

图 1-49　左前车门微动开关

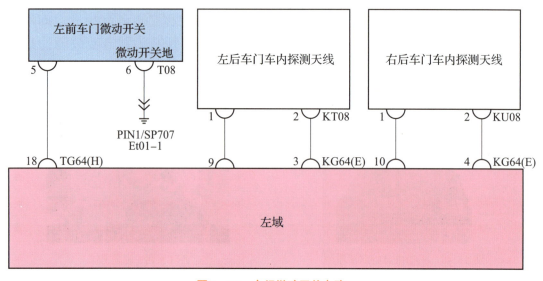

图 1-50　车门微动开关电路

（3）如果电压低于 11V，说明车辆智能充电功能没有启用，可能是动力电池电量不足或存在故障。使用诊断仪读取故障码，检查动力电池是否允许放电。

（4）检查 CAN 线。当蓄电池的电量降低到一定水平时，BMS 通过动力网CAN 与车载充电机通信，发起智能充电请求。在这种情况下，车载充电机会根据蓄电池的状态和驾驶条件来决定是否允许充电，并控制高压配电盒的主吸合器工作，通过DC-DC转换器放电给蓄电池充电。比亚迪秦DMi低压蓄电池电路如图1-51所示。当动力网CAN线有故障后会影响通信，检查插接器K50端子内接触片是否松动，检查低压蓄电池K50插接器端子是否弯曲或断落；分别检查动力网CAN线K50-1到G19-9、K50-2到G19-10是否有断路或短路。

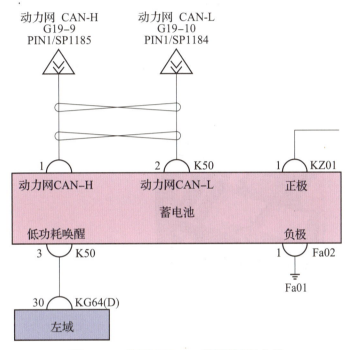

图 1-51 比亚迪秦 DMi 低压蓄电池电路

## 四、低压蓄电池的更换

### 1. 更换前准备

准备器材，驻车，套上转向盘护套等。有些汽车拆卸蓄电池负极时，要事先记录好数码收音机存储的频道及故障码等，否则可能会引起数码收音机存储的频道、故障码等信息丢失。确认点火开关、灯光开关、空调开关等处于关闭状态。蓄电池相当于一个大电容器，能吸收电路中出现的瞬时过电压，若拆卸蓄电池时点火开关等未关闭，电路失去蓄电池这个大电容器的保护，过电压容易造成电气元件损坏。

### 2. 拆下蓄电池

拆卸蓄电池的固定架。先拆卸蓄电池的负极，再拆卸蓄电池正极。若先拆卸蓄电池正极，则拆卸工具碰到车身搭铁部分会造成蓄电池短路而损坏。选择更换型号相同的蓄电池，蓄电池的长、宽、高也要和原蓄电池基本相同，否则可能无法安装。

蓄电池的型号由三部分组成，各部分之间用连接号连接。例如，型号为6-QW-80，表示电压为12V，额定容量为80A·h的起动型免维护蓄电池，其中6表示串联单格电池数，每格2V，共12V；Q表示起动型蓄电池，W表示免维护型蓄电池。另外，A表示干荷电型蓄电池，H表示湿荷电型蓄电池，S表示少维护型蓄电池，D表示电动车用蓄电池。

### 3. 按拆卸相反顺序进行安装

如果蓄电池固定支架（见图1-52）接头连接松弛，需拧紧固定支架的螺母，但不能拧得太紧，将固定支架拧紧至能够保持蓄电池固定在其位置上即可，过度拧紧将损坏蓄电池。

蓄电池固定支架

图1-52　蓄电池固定支架

## 项目小结

本项目主要介绍了新能源汽车电路图的识读，新能源汽车电气系统常见元件的检查，低压蓄电池的工作原理和检修。通过本项目的学习，学生应该掌握新能源汽车电气系统的组成；掌握新能源汽车电气系统的特点；掌握使用万用表检查熔断器、继电器的方法；能正确识读熔断器位置分布图；能够识读电气原理图；能独立使用万用表检查继电器、熔断器及线束；能对低压蓄电池进行更换和检修。

# 照明与信号系统、仪表系统的工作原理和检修

## 🚗 学习目标

**知识目标：** 1. 掌握照明灯、信号灯、喇叭、引擎音模拟器、仪表系统等的功能。

2. 掌握照明灯、信号灯、喇叭、引擎音模拟器、仪表系统等的工作原理。

**能力目标：** 1. 能够识读照明灯、信号灯、喇叭、引擎音模拟器、仪表系统等的电路图。

2. 能正确分析照明灯、信号灯、喇叭、引擎音模拟器、仪表系统等的故障。

3. 能检测照明灯、信号灯、喇叭、引擎音模拟器、仪表系统等的电路。

**素养目标：** 1. 培养工作中的安全、环保意识。

2. 培养工作中服从管理、规范作业的习惯。

3. 培养职业道德素养和精益求精的工作作风。

## 🚗 建议学时

20 个学时。

## 🚗 项目情境

新能源汽车照明与信号系统、仪表系统故障率比较高，汽车照明灯、信号灯和仪表对汽车的安全使用影响非常大，汽车的喇叭和引擎音模拟器是非常重要的信号装置，需要维修技师掌握其工作原理和故障检修方法。

## 任务一　照明灯的工作原理和检修

### 案例导入

一辆比亚迪秦纯电动轿车在行车中，驾驶员打开远光灯开关，但发现左前远光灯不能正常工作。驾驶员将车开到维修店，怀疑汽车照明系统电路故障，需要你对其进行检查和维修。

### 知识介绍

#### 一、照明灯的类型和功能

汽车照明灯是汽车行驶必不可少的照明设备，为了提高汽车的行驶速度，确保行车安全，汽车上装有多种照明设备。新能源汽车室外照明设备包括远光灯、近光灯、雾灯、牌照灯等。根据作用的不同，各汽车室外照明灯安装位置有所不同。

**1. 远光灯**

远光灯一般安装在汽车头部两侧（见图2-1），用来照亮汽车前方道路，发出的光一般为白色或者黄色。要求远光灯应能保证提供车前100m以上路面明亮、均匀的照明，并且不应对迎面来车的驾驶员造成眩目。

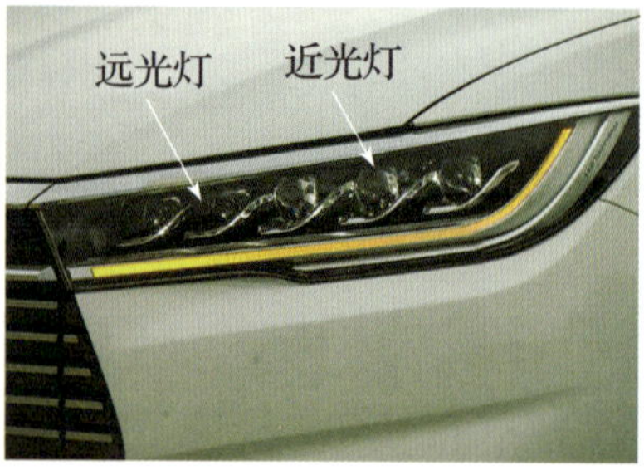

图2-1　左前远光灯和近光灯

**2. 近光灯**

近光灯和远光灯的区别是照射范围不同。近光灯是为了近距离照明，照明距离一般在50m以内，主要用来看清眼前的道路。在夜间行车，灯光的使用尤为重要。近光灯是基本的照明工具，能够保证一定距离的清晰视野，同时避免对向车辆的盲目照射。

**3. 雾灯**

雾灯安装于汽车的前部和后部，用于在雨雾天气行车时照明道路和为迎面来车及后面来车提供信号。前雾灯安装在前照灯附近，后雾灯安装在车尾两侧，如图2-2所示。雾天能见度低，驾驶员视线受到限制，为了给驾驶员提供较宽的视野，前雾灯一般比前照灯的位置稍低。

前雾灯　　　　　　　后雾灯

图 2 - 2　雾灯

### 4. 牌照灯

牌照灯用于照亮车辆牌照，要求夜间在车后 20m 处能看清牌照号码。牌照灯装在汽车尾部牌照的上方或左右两侧，灯光颜色为白色。它没有单独的开关控制，受示宽灯或前照灯开关控制。

### 5. 室内照明灯

汽车室内照明灯通常有多种类型，目前用于新能源汽车室内照明的有室内阅读灯、氛围灯、门灯、行李舱灯、开关背光灯等。室内照明灯主要用于夜间行车的驾驶室车厢操纵及乘客的上下车照明，这些灯具的使用取决于车型的设计要求。此外，一些高档汽车还可能配备其他室内照明设备，如可调节颜色的阅读灯等，以提供更加个性化的照明体验。新能源汽车的门灯具有提高安全性的功能，装于轿车外张式车门内侧底部，如图 2 - 3 所示。夜间开启车门时，门灯点亮，以警示行人、车辆注意避让。汽车门灯受车门的开和关控制，当车门打开时，门灯点亮；当车门关闭时，门灯关闭。

图 2 - 3　汽车门灯

## 二、室外照明灯电路的组成

室外照明灯电路通常由灯泡、熔断器、继电器、开关和连接线路组成，室外照明灯的熔断器和继电器通常安装在前舱配电盒上。室外照明灯开关一般安装在主驾驶室中转向盘下方，室外照明灯连接线路在电路图中用一定数字、字母对用电设备的接线端子进行了标注，根据汽车维修手册可准确地找到导线和相应的接线端子。

### 1. 灯泡

汽车常见的灯泡种类有卤素灯泡、氙气灯泡和 LED 灯泡三种，如图 2 - 4 所示。卤素灯泡通过加热卤素灯丝产生光亮，其光线颜色偏黄。氙气灯泡通过高压气体放电产生亮度，相较于卤素灯泡，氙气灯泡的发光效率更高，能够在相同能耗下产生更多的光线，但是生产工艺较复杂，成本较高。LED灯泡是一种利用发光二极管作为光源的灯泡，具有高效、环保、寿命长的优点。

（a）卤素灯泡　　　　　（b）氙气灯泡　　　　　（c）LED灯泡

图 2-4　汽车灯泡类型

### 2. 熔断器

车用熔断器通常称为保险丝，主要起保护电路的作用，如果线路中没有加装熔断器，那么一旦电路过载或发生短路，回路中的电流必然增加，当流经导线的电流大小超过导线的承载电流时，导线过载发热，容易引发安全事故。

### 3. 继电器

汽车继电器分为4端子继电器、5端子继电器两种，其主要作用是用小电流控制大电流。继电器的安装位置如图 2-5 所示。

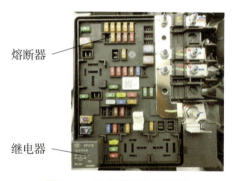

熔断器

继电器

图 2-5　继电器的安装位置

### 4. 开关

现代汽车的照明系统常用组合开关集中控制，灯光组合开关主要集中在驾驶室转向柱上，位于转向盘下侧。灯光组合开关末端旋钮可绕手柄的轴线转动，转动旋钮至一定挡位，相应灯光打开。下拨灯光组合开关，左转向信号灯就会闪烁，表示向左转；上拨灯光组合开关，右转向信号灯就会闪烁，表示向右转。

## 三、室外照明灯的工作原理

驾驶员可以通过操作照明系统灯光组合开关来控制各灯光。照明系统的电流一般来自蓄电池。远光灯的功率较大，通过灯光组合开关来控制灯光继电器的通断，从而实现对灯泡开和关的控制。

### 1. 远光灯

比亚迪秦 EV 远光灯电路如图 2-6 所示。电路图上部 K1-6 远光灯继电器开关输入端子 30 接来自蓄电池正极的常电；继电器开关输出端子 87 连接 F1/32 15A 熔断器和 F1/33 15A 熔断器；K1-6 远光灯继电器线圈输出端子 85 连接"多合一"BG64B 端子 4，K1-6 远光灯继电器受"多合一"控制。

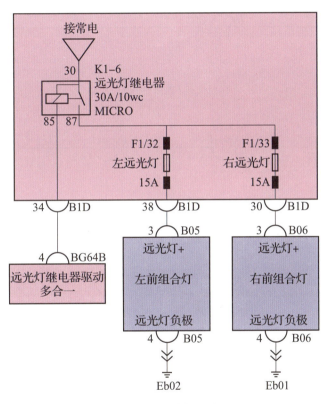

图 2-6 远光灯电路

图 2-7 所示为灯光组合开关电路。远光灯受灯光组合开关的控制，灯光组合开关通过舒适网 CAN-H 和 CAN-L 将远光灯信号传送给"多合一"，"多合一"控制远光灯继电器线圈接通后，远光灯继电器线圈线路变为通路，继电器线圈吸合，触点端开关闭合，使供电线到远光灯的电路连通，电流经 F1/32 熔断器流入远光灯灯泡，最后接车身搭铁 Eb02。

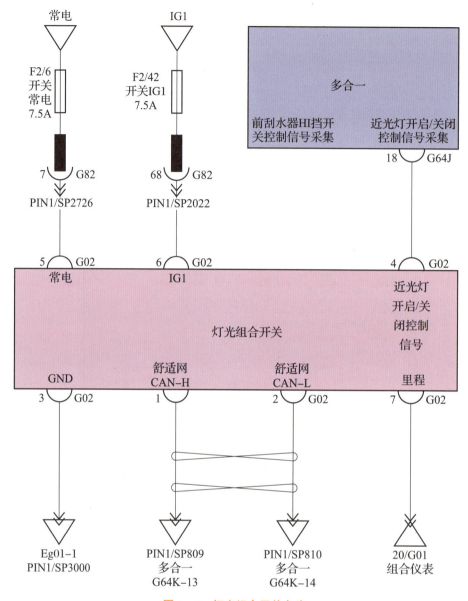

图 2－7　灯光组合开关电路

### 2. 近光灯

比亚迪秦 EV 近光灯电路如图 2－8 所示。它和远光灯电路的工作原理基本类似，但是当灯光组合开关置于自动挡时，"多合一"可以自动控制开关近光灯。当驾驶员将灯光组合开关末端旋钮转到自动挡时，"多合一"内的 BCM 采集光照强度传感器（电路如图 2－9 所示）的亮度值，自动控制小灯和近光灯的开启或关闭。阳光传感器和环境光传感器集成在一起，称为二合一传感器。

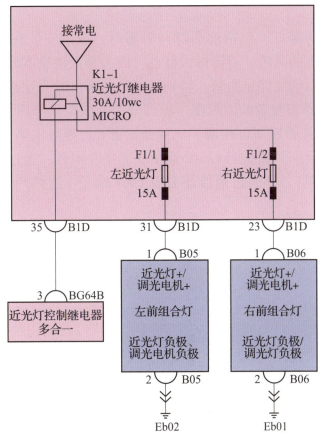

图 2-8 近光灯电路

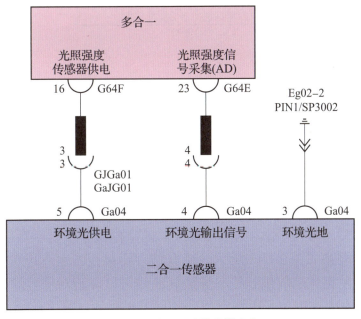

图 2-9 光照强度传感器电路

### 3. 雾灯

雾灯也称为防雾灯，包括前雾灯和后雾灯，分别安装在汽车的前部和后部。前雾灯为明亮的黄色，后雾灯为红色。因为雾天能见度低，驾驶员视线受到限制，灯光可以增加能见距离，特别是黄色防雾灯的光穿透力强，可以提高驾驶员和周围交通参与者的能见度。雾灯开关一般位于车内灯光组合开关上，旋转灯光组合开关旋钮即可控制。比亚迪秦 EV 后雾灯电路如图 2-10 所示。电源线经过"多合一"插接器 G64E 端子 3 连接左尾灯，通过插接器 K19（A）端子 11 连接后雾灯，并通过插接器 K19（A）端子 1 连接到车身搭铁点 Ek05 形成回路。

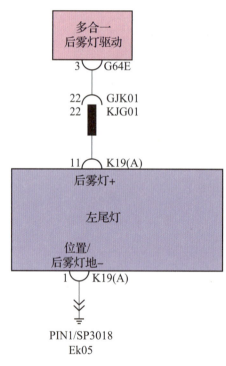

图 2-10　后雾灯电路

### 4. 室内阅读灯的工作原理

室内阅读灯有高亮和低亮两个挡位，室内阅读灯总开关设置在阅读灯前部中间位置，按下室内阅读灯主开关，前/后室内阅读灯高亮点亮。再次按下室内阅读灯总开关，前/后室内阅读灯熄灭。前室内阅读灯受多媒体 PAD 主机麦克风控制，其电路如图 2-11 所示。该电路主要包括右麦克风信号 +、右麦克风信号 – 和右麦克风屏蔽接地线，屏蔽接地线可以屏蔽对信号的干扰，左麦克风信号电路与右麦克风信号电路类似，这里不再赘述。

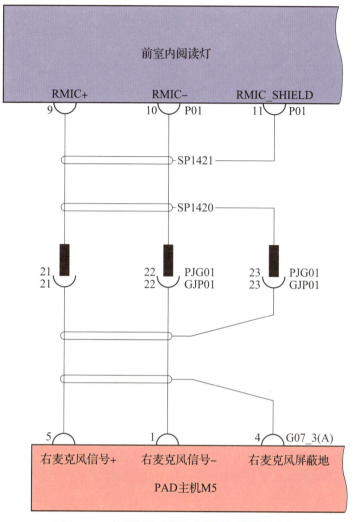

**图 2 - 11　右麦克风对前室内阅读灯的控制电路**

下滑多媒体 PAD 主机顶部状态栏，打开"便捷"界面，选择关闭"DOOR"挡开关，当任意车门打开时，前/后室内阅读灯保持熄灭；选择开启"DOOR"挡开关，打开任意车门时，前/后室内阅读灯低亮点亮。关闭所有车门，前/后室内阅读灯熄灭。前室内阅读灯受"多合一"控制，其电路如图 2 - 12 所示。该电路主要包括室内阅读灯总开关开信号线、室内阅读灯总开关关信号线及室内阅读灯驱动线。

前室内阅读灯和后室内阅读灯电路如图 2 - 13 所示。常电通过 F2/17 7.5A 熔断器给前后室内阅读灯供电，前后室内阅读灯采用共同的搭铁点 Eg01-2 连接蓄电池负极。后室内阅读灯分为后左、后右室内阅读灯，后左、后右室内阅读灯开关信号会被传送到前室内阅读灯，前室内阅读灯可以分别控制后左、后右室内阅读灯点亮或关闭。

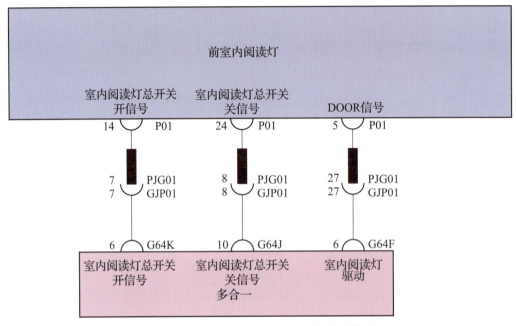

图 2-12 "多合一"对前室内阅读灯控制电路

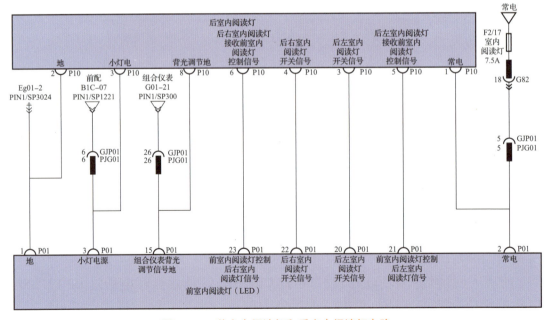

图 2-13 前室内阅读灯和后室内阅读灯电路

## 任务实施

### 一、拆装和检修照明系统安全注意事项

在进行照明系统检查维修作业前，需查阅维修手册和用户手册，其中做了相关的提示和警告，操作过程中要遵守操作规程。

**1. 拆装和检修照明系统的安全提示**

（1）断电操作：在开始拆卸或检修室外照明系统之前，务必断开车辆的电源，以避免发生触电事故。这可以通过拆掉车辆蓄电池负极电缆实现。

（2）使用个人防护装备：在进行任何汽车电气系统的拆装和检修工作时，都应该穿戴适当的个人防护装备，如护目镜、绝缘手套和防滑鞋等。这些装备可以避免操作人员的眼睛、手指和脚部等受到伤害或电击。

**2. 拆装室外照明灯的注意事项**

比亚迪秦 EV 左远光灯安装在左前照灯总成内，当左远光灯不亮时，需要进行室外照明系统的拆装检修，拆卸左前照灯总成时需要注意以下事项：

（1）检查电缆接头：在检查和拆卸电缆连接时，先确保电源已经断开。检查电缆接头是否完好无损，使用正确的工具将线束插接器的保险装置先松开，再拔下接头。

（2）灯泡拆装注意事项：当更换汽车灯泡时，应确保灯泡已经冷却。避免用手直接触摸灯泡，因为手上的油脂会在灯泡加热时烧结，影响灯泡寿命。垫上干净的布或纸巾再触摸灯泡。

**3. 拆装室内照明灯的注意事项**

室内照明灯安装在车内，拆卸室内照明灯之前需要安装座椅、脚垫和转向盘护套。

（1）拆卸时小心不要划伤车顶棚和其他部件。

（2）选择专用的内饰拆装工具。

（3）室内阅读灯开关和天窗开关是一体的，拆卸时需要遵守相关的规则。

### 二、操控照明系统

灯光组合开关主要集中在驾驶室转向柱上，位于转向盘下侧。如图 2 - 14 所示，灯光组合开关左手柄末端旋钮转到"0"挡，所有灯光都关闭，昼行灯除外。灯光组合开关末端旋钮转到"&#x1F4A1;"挡，如图 2 - 15 所示，BCM 采集光照强度传感器的亮度值，自动控制小灯和近光灯的开启或关闭。

图 2－14　灯光关闭

图 2－15　自动控制

　　灯光组合开关末端旋钮转到"▷◁"挡，如图 2－16 所示，牌照灯和小灯一起点亮。灯光组合开关末端旋钮转到"▣▷"挡，近光灯开启，如图 2－17 所示。

图 2－16　牌照灯和小灯开启

图 2－17　近光灯开启

　　灯光组合开关末端旋钮转到"▣▷"挡，将雾灯旋钮转到"▷▣"挡，后雾灯开启，如图 2－18 所示。灯光组合开关末端旋钮转到"▣▷"挡，灯光组合开关手柄往下推压（远离转向盘），远光灯开启。

图 2－18　后雾灯开启

　　汽车熄火后，汽车灯光能自动熄灭，灯光组合开关末端旋钮转到"▷◁"挡或"▣▷"挡，电源由"起动"状态切换至"停止"状态时，可以启用自动熄灯功能。比亚迪秦 EV 前照灯灯光具备"伴我回家"功能，其作用是当车主退电至"OFF"挡，闭锁四个车门试图离开车辆时，或者车主解锁车辆试图靠近车辆时，相应的灯光会继续点亮 10s（或设置的时间）提供照明光源。

## 三、左前远光灯故障的检修

　　左前远光灯不亮故障的检修，需要从简到难，先排查电源电压是否正常，如果电源电压正常，则进入下一步检测。

### 1. 左前远光灯灯泡的检查

　　（1）灯泡的拆卸。查找汽车电路图，找到左前远光灯的安装位置，如 2021 款比亚迪秦 EV，左前远光灯安装在左前照灯总成内部，如图 2－19 所示。断电后，

灯泡

图 2－19　左前远光灯灯泡位置

拔下左前远光灯灯泡的插接器，再取下防尘罩，取下灯泡。

（2）灯泡电阻检查。将万用表调至20Ω挡测量灯泡电阻值，正常应小于1Ω，若阻值为∞，则更换新的灯泡。在更换损坏的灯泡或其他照明部件时，确保使用与车辆制造商建议的规格和型号相符的替代品。使用不符合规格的替代品可能会导致电路故障或性能下降。

**2. 熔断器的检查**

（1）熔断器的拆卸。查找比亚迪秦EV维修手册，左前远光灯熔断器安装在汽车前舱配电盒内，额定电流为15A，编号为F1/32，如图2-20所示。

**图 2-20　左前远光灯熔断器和继电器位置**

（2）目视检查。目测F1/32熔断器是否熔断，如果熔断，需要更换新的熔断器。

（3）熔断器电阻的测量。如果目视无法确定熔断器的好坏，可用万用表的20Ω挡检测熔断器两端之间的电阻值。正常情况下的阻值应该小于1Ω，否则更换新的熔断器。更换新的熔断器后，开远光灯并检查该熔断器是否熔断。如果熔断，说明电路存在短路故障，需要彻底检查。

**3. 继电器的检查**

（1）继电器的拆卸。查找比亚迪秦EV维修手册，前远光灯继电器安装在汽车前舱配电盒内，用力拔下K1-6远光灯继电器。

（2）继电器的检测。用万用表欧姆挡测量继电器线圈的电阻，正常为30～150Ω，否则应该更换新的继电器。用万用表欧姆挡测量继电器触点两个端子之间的电阻，应为∞。在继电器线圈两个端子上施加蓄电池12V电压，测量触点两个端子之间的电阻，应小于1Ω，如果是∞，则需要更换新的继电器。

### 4. 连接线路的检查

（1）拔下 B05 插接器，B05 插接器端子如图 2 – 21 所示。检查 B05-4 和车身搭铁之间的阻值，应小于 1Ω，否则检修负极搭铁线。

（2）线路接通情况检查。检查 B05-3 和车身搭铁之间的电压，应为 12V 左右。如果为 0V，检查 F1/32 熔断器的电压。如果为 12V，说明 F1/32 熔断器和插接器 B05-3 之间的线路存在断路故障，可以逐段测量电阻，以发现故障的部位。

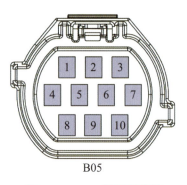

图 2 – 21　B05 插接器端子

### 5. 灯光组合开关的检查

（1）灯光组合开关的拆卸。断开蓄电池负极，将转向盘转动到车轮朝正前方位置，关闭所有用电设备和一键起动开关，拆下灯光组合开关护罩，拆下灯光组合开关下方固定螺钉，如图 2 – 22 所示。拔下灯光组合开关插接器（见图 2 – 23），拆卸灯光组合开关总成。

图 2 – 22　拆下灯光组合开关固定螺钉

图 2 – 23　灯光组合开关线束插接器

（2）灯光组合开关的检测。断开灯光组合开关插接器 G02（见图 2 – 24），上电，分别检查 G02-5 和 G02-3 之间、G02-6 和 G02-3 之间的电压，应为 12V 左右。检查 CAN-H 与 G02-1 之间的电压，应为 2.5 ~ 3.5V；检查 CAN-L 与 G02-2 之间的电压，应为 1.5 ~ 2.5V。在断电后，检查 G02-4 和"多合一"G64J-18 之间的电路，应无断路和短路故障。

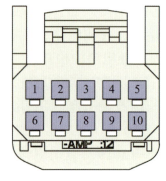

图 2 – 24　G02 插接器

## 四、前照灯的调整与拆装

### 1. 前照灯的调整

汽车前照灯光束的调整是非常重要的，它可以确保车辆的灯光投射在正确的位置，提供最佳的照明效果，避免对其他车辆驾驶员和行人造成眩目或视觉障碍。注意，不同的车辆可能有不同的调整方式和要求。在调整前照灯光束之前，最好查阅车辆的用户手册或咨询专业技术人员，以确保调整方式和步骤正确。比亚迪秦 EV 前照灯高度调节的步骤为在车辆多媒体 PAD 主机上点击"车辆设置"→"灯光设置"→"前照灯高度调节"，调节界面如图 2 - 25 所示。

图 2 - 25 比亚迪秦 EV 前照灯高度调节界面

### 2. 前照灯的拆装

在进行前照灯的拆装检修作业前，需查阅维修手册和用户手册。下面以比亚迪秦 EV 左前组合灯为例介绍前照灯的拆装步骤。

（1）断开蓄电池负极电缆，并将负极电缆用绝缘胶带包扎好，防止其接触蓄电池负极。

（2）拆卸左前组合灯前需要先拆下前保险杠，查看维修资料，按要求拆卸前保险杠。

（3）拆卸左前照灯总成，用 10# 套筒拆卸上面三个与侧面一个固定螺栓，拆下前端下侧的一个固定螺栓，如图 2 - 26 所示。

图 2 - 26 左前照灯总成固定螺栓

（4）断开左组合灯上的所有插接器，取下左前组合灯。

（5）按照与拆卸相反的顺序安装。

## 五、室内阅读灯故障的检修

### 1. 室内阅读灯的基本检查

在不拆卸部件的情况下，先进行外观检查，检查开关是否复位、灯泡是否烧黑等。尝试在 PAD 主机上设置打开车门时室内阅读灯低亮点亮，然后打开车门检查室内阅读灯是否点亮。

### 2. 检查熔断器

查看熔断器编号示意图（见图 2 - 27），F2/17 是室内阅读灯熔断器，其额定电流为 7.5A。将室内阅读灯总开关打开，检查 F2/17 两个检测点的电压值，应为 12V 左右。如果两端电压都是 0V 左右，说明供电有故障，需要进一步检修。如果一端电压值为 0V，另一端电压值为 12V 左右，说明该熔断器可能熔断。拆卸该熔断器，目测是否熔断或用万用表测量 F2/17 的阻值，应小于 1Ω，如果为 ∞，说明该熔断器熔断。

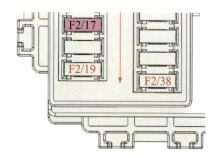

图 2 - 27　熔断器编号示意图

### 3. 检查电源

断开前室内阅读灯插接器 P01（见图 2 - 28），检查线束端电压，测量 P01-2 与车身之间的电压，应为 12V 左右；测量 P01-1 与车身之间的电阻，应为 0Ω 左右，否则根据电路进一步检查线路故障。

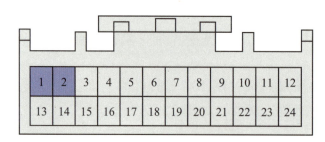

图 2 - 28　前室内阅读灯插接器 P01

### 4. 检查室内阅读灯灯泡

目测灯泡是否烧坏或烧黑，临时更换一个室内阅读灯灯泡，检查是否正常。

### 5. 检查线束

在 PAD 主机上设置了打开车门后室内阅读灯低亮点亮，而实际打开车门时室内阅读灯不亮，此时需要结合维修手册和电路图，分别检查"多合一"控制器 G64K-6 和前室内阅读灯 P01-14、G64J-10 和前室内阅读灯 P01-24、G64F-6 和前室内阅读灯 P01-5 之间的电阻，正常均应小于 1Ω，否则维修或更换线束。

## 任务二 信号灯的工作原理和检修

### 案例导入

一辆比亚迪秦纯电动轿车，车主手机收到一条违章罚款信息，违章罚款原因为在转向时未开启转向信号灯。车主检查转向信号灯后，发现左后转向信号灯不亮，怀疑汽车信号系统电路故障，需要你对其进行检查和维修。

### 知识介绍

#### 一、信号灯的组成和功能

汽车信号灯是汽车行驶安全的重要保障，主要用于向其他车辆和行人传达车辆行驶状态和意图，保障驾驶安全。汽车信号灯主要包括转向信号灯、危险警告灯、行车灯、制动信号灯、倒车信号灯等。合理使用信号灯，可以避免车辆在行驶过程中因突然变道、停车等而发生交通事故。

##### 1. 转向信号灯

转向信号灯也叫转弯灯，是在车辆转向或变道时开启，以提示前后左右车辆及行人注意的重要指示灯，开启时灯光会频繁闪烁，右后转向信号灯位置如图 2-29 所示。

##### 2. 危险警告灯

危险警告灯是一种提醒其他车辆与行人注意此车发生了特殊情况的信号灯，它与转向信号灯共用，打开危险警告灯开关，全部转向信号灯同时闪烁，危险警告灯不受一键起动开关控制。

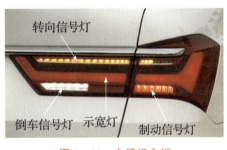

图 2-29 右后组合灯

##### 3. 行车灯

行车灯（见图 2-30）不是照明灯，而是一种标示车辆位置的信号灯，表示汽车的存在及大体的宽度，便于其他车辆在会车和超车时判断。开启行车灯之后，可以增加车辆的辨识度，提醒前方车辆及行人注意后方

图 2-30 行车灯

车辆。行驶中的车辆，前车看不清后车，易发生事故。但如果前车和后车都打开了行车灯，那么因视线不佳引起的事故就会大幅减少甚至可以避免。

### 4. 制动信号灯

制动信号灯也叫刹车灯，安装于汽车的后部，灯光颜色一般为红色，用于在汽车驻车、制动或减速停车时，警示后面的车辆。

### 5. 倒车信号灯

倒车信号灯安装于汽车后部，灯光颜色为白色。当车辆倒车时，倒车信号灯亮起，为后方提供必要的照明，帮助驾驶员观察车辆后方周围环境，确保安全。

## 二、转向信号灯和危险警告灯的工作原理

转向信号灯系统一般由转向信号灯、转向指示灯、转向信号灯开关、危险警告灯开关组成。当汽车要向左或向右转向或者变道时，通过操纵转向信号灯开关，使车辆左边或右边的转向信号灯通电而闪烁。完成转向或变道后，回转转向盘，转向盘控制装置可自动使转向信号灯开关回位，转向信号灯熄灭。驾驶员还可以通过操纵图 2-31 所示的危险警告灯开关使全部转向信号灯闪烁，发出警示。

危险警告灯开关

**图 2-31　危险警告灯开关**

以比亚迪秦 EV 左前转向信号灯电路为例，灯光组合开关控制左前转向信号灯的开和关，组合开关通过舒适网 CAN 线将转向信号灯开关信号发送给"多合一"控制器，"多合一"控制器给转向信号灯和转向指示灯提供电源，分别驱动前转向信号灯（电路见图 2-32）、左侧转向信号灯（电路见图 2-33）、右侧转向信号灯和后转向信号灯。"多合一"控制器驱动的左侧转向信号灯包括左外后视镜转向信号灯和组合仪表内转向指示灯。

危险警告灯开关电路如图 2-34 所示。驾驶员打开危险警告灯开关后，"多合一"控制器采集危险警告灯开关端子 G47_1-9 开启信号，经过内部处理后，控制危险警告灯开关端子 G47_1-10 连接负极，此时危险警告灯开关指示灯点亮，同时"多合一"控制器驱动危险警告灯点亮。

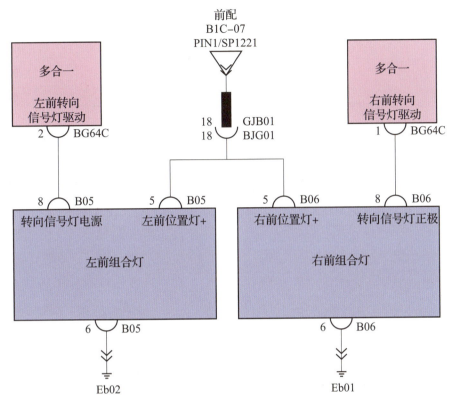

**图 2-32 前转向信号灯电路**

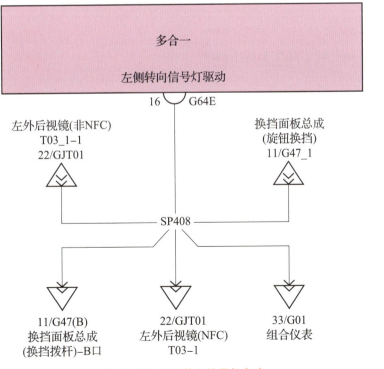

**图 2-33 左侧转向信号灯电路**

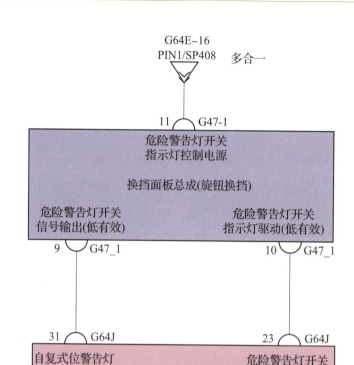

图 2 – 34    危险警告灯开关电路

## 三、制动信号灯的工作原理

当车辆制动时，驾驶员踩下制动踏板，使汽车减速，接通制动信号灯开关，在这个过程中，电流流经蓄电池正极到制动信号灯熔断器，经由制动信号灯开关到制动信号灯，通过车身搭铁回到蓄电池负极，构成回路，如图 2 – 35 所示。新能源汽车的制动信号灯不受点火开关控制，只受制动信号灯开关的控制，制动开关与制动踏板相连。

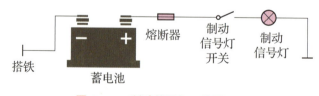

图 2 – 35    制动信号灯工作原理图

以比亚迪秦 EV 制动信号灯电路为例，电源电流经过熔断器 F2/5，从制动信号灯开关插接器端子 G28-4 进入制动信号灯开关，制动信号灯开关插接器端子 G28-2 接地，如图 2-36 所示。当驾驶员踩下制动踏板时，制动信号灯开关插接器端子 G28-4 和 G28-3 接通，G28-2 和 G28-1 断开，"多合一"控制器通过插接器端子 GK49-7、G64（E）-20 分别与制动信号开关插接器端子 G28-3、G28-1 连接并获取制动信号灯开关信息。左、右制动信号灯和高位制动信号灯电源经过插接器端子 KG64（A）-5 与插接器端子 K17-3、K20-2、K18-2 相连，分别通过 Ek06、Ek03-1、Ek09 接地。

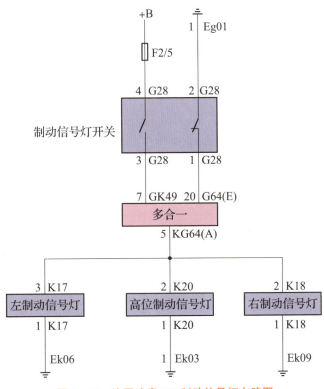

图 2-36　比亚迪秦 EV 制动信号灯电路图

## 四、倒车信号灯的工作原理

新能源汽车的倒车信号灯开关和倒挡电路相连，挡位开关控制倒车信号灯工作，当汽车挂倒挡时，倒车信号灯的开关触电闭合，接通倒车信号灯电路，起到警示后方车辆和行人的作用。有些汽车在倒车信号灯电路中并联了语音提醒装置，在倒车信号灯电路接通时，语音提醒装置也同时发出声音，提醒周围人员和车辆。如图 2-37 所示，当倒车信号灯开关接通时，电流从熔断器经过倒车信号灯开关到倒车信号灯和倒车蜂鸣器，经车身搭铁回到蓄电池负极，形成回路。倒车信号灯受点火开关控制，只有点火开关处于接通位置时才能给倒车信号灯电路供电。

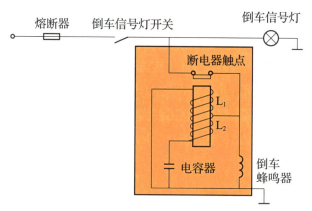

图 2-37　倒车信号灯工作原理图

　　以图 2-38 所示的比亚迪秦 EV 倒车信号灯电路为例，当汽车挂入倒挡时，挡位传感器将该信号通过动力网 CAN 线传给"多合一"控制器和整车控制器，"多合一"控制器收到倒挡信号后，控制倒车信号灯点亮。倒车信号灯电源线经过插接器端子 K19（B）-4 连接"多合一"控制器插接器端子 KG64（A）-32，倒车信号灯负极线通过 K19（B）-1 经 Ek05 接地。

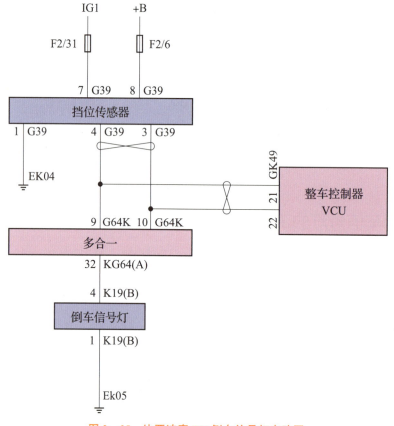

图 2-38　比亚迪秦 EV 倒车信号灯电路图

## 任务实施

### 一、后尾灯总成的拆装

在进行信号灯检查维修作业前，需查阅维修手册和用户手册，其中做了相关的提示和警告，操作过程中要遵守操作规程。比亚迪秦 EV 后转向信号灯安装在后尾灯总成内部，当后转向信号灯不亮时，需要检查和维修信号系统，进行后尾灯总成拆装检修。以下是比亚迪秦 EV 左后尾灯总成的拆装步骤。

微课

后组合尾灯
总成拆装

（1）断开蓄电池负极。

（2）拆卸后尾灯总成的内饰卡扣（见图 2-39），需要用到专用工具。特别注意，需要先撬起中间的紧固塑料钉后才能撬起卡扣。

（3）打开汽车行李舱，需要先拆下后尾灯总成一侧的内衬棉（见图 2-40），使用塑料撬板将内衬棉上的塑料卡扣取下，将内衬棉扒开。

图 2-39　内饰卡扣

内饰卡扣

内饰卡扣
专用工具

后尾灯
内衬棉

图 2-40　后尾灯内衬棉

（4）后尾灯总成上有保险杠挂耳，拆卸保险杠之后才能拆卸后尾灯总成。

（5）拆卸左后尾灯总成固定螺栓，断开内部的线束插接器，如图 2-41 所示，拔下线束插接器后，用两只手把住后尾灯总成的两边，轻轻往外拽，边拽边轻轻晃动，取下后尾灯总成。

（6）按拆卸相反的顺序安装后尾灯总成，安装后，连接蓄电池负极，操纵转向信号灯开关，转向信号灯应能正常点亮或熄灭。

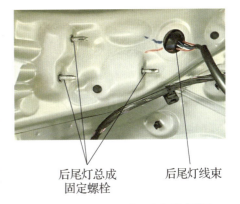

后尾灯总成
固定螺栓

后尾灯线束

图 2-41　后尾灯总成固定螺栓和线束

### 二、转向信号灯不亮故障的检修

#### 1. 基本检查

在不拆卸部件的情况下，先进行外观检查，检查转向信号灯开关、线束等

左前转向灯
灯泡的拆装

元件是否连接良好，转向信号灯是否正常点亮。若不能正常点亮，则需要判断具体是某个转向信号灯不亮还是所有的转向信号灯均不亮。

### 2. 检查转向信号灯灯泡

断开左前转向信号灯插接器 B05，给灯泡两端施加电压，B05-8 连接蓄电池正极，B05-6 连接蓄电池负极，正常为灯泡点亮，如果异常，则更换灯泡。

### 3. 检查线束

断开左前转向信号灯插接器（见图 2-42），检查线束端电压，测量 B05-8 与车身之间的电压，应为 12V 左右；测量 B05-6 与车身之间的电阻，应小于 1Ω，否则根据电路进一步检查线路故障。

### 4. 检查转向信号灯开关

按前文介绍的方法，对灯光组合开关进行检查，这里不再赘述。

有的转向信号灯电路装有保护电路的熔断器，在检查转向信号灯开关、灯泡、线束等前，需要先对熔断器进行检查。

B05插接器

图 2-42　左前转向信号灯插接器

## 任务三　喇叭和引擎音模拟器的工作原理和检修

### 案例导入

一辆比亚迪秦纯电动轿车，车主反馈，按喇叭开关时，喇叭不响。车主将车开到专业的维修店，经过维修技师检测，怀疑喇叭电路故障。现需要你对其进行检查和维修。

### 知识介绍

#### 一、喇叭的类型和特点

汽车喇叭主要用于警示行人和其他车辆，以引起注意，保证行车安全。喇叭按照发音动力有气喇叭和电喇叭之分，如图 2-43 所示。气喇叭主要用于大客车和重型货车，一般采用筒形，并有高音和低音两个喇叭配合使用。电喇叭主要用于轿车，具有结构简单、体积小、音质好等优点。

（a）气喇叭　　　　　　　　（b）电喇叭

图 2-43　喇叭

## 二、电喇叭的工作原理

汽车电喇叭通过金属振膜的振动发出声音，其结构包括共鸣片、上铁心（活动铁心）、衔铁、触点（动触点、静触点）、膜片、下铁心、线圈等，如图 2-44 所示。按下电喇叭按钮，蓄电池的电流经过线圈、动触点、静触点、电喇叭按钮回到蓄电池负极，线圈通电产生磁吸力，在磁吸力的作用下，上铁心下移撞击下铁心，激励膜片及与膜片连成一体的共鸣片产生共鸣，从而产生谐音。在上铁心下移时，带动动触点下移，切断磁化线圈的电路，线圈断电，磁吸力消失，上铁心在膜片弹力的作用下上移，触点又重新闭合，线圈又通电产生磁吸力，重复上述过程，电喇叭发出连续的声音。

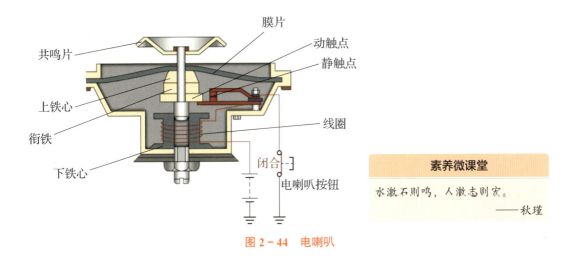

图 2-44　电喇叭

**素养微课堂**

水激石则鸣，人激志则宏。

——秋瑾

以比亚迪秦 EV 电喇叭电路为例，电源线经过 10A 的熔断器 F1/17、插接器端子 B1C-05 连接到高音喇叭，并通过插接器端子 B07（A）-1 接地，喇叭开关通过插接器端子 BG64C-13 连接插接器端子 B1C-24 与喇叭继电器通信，由喇叭开关控制高音喇叭工作，如图 2-45 所示。

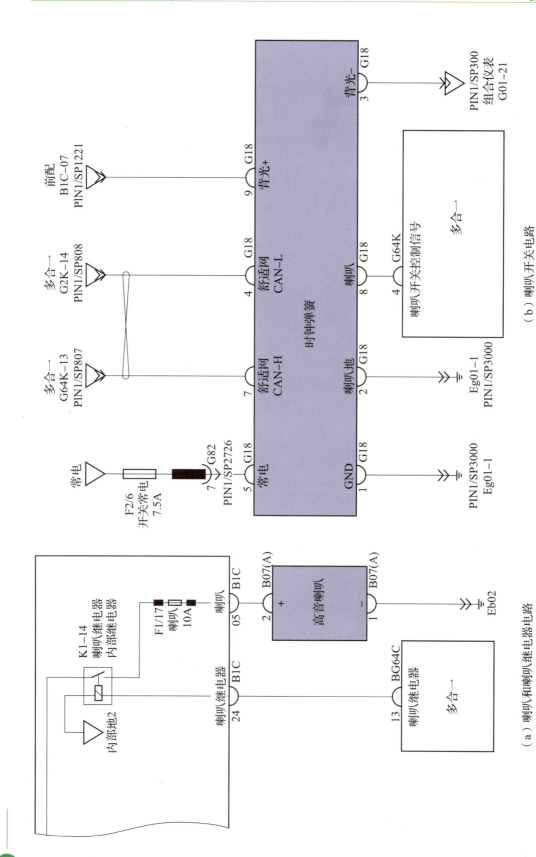

（b）喇叭开关电路

图 2－45　电喇叭电路

（a）喇叭和喇叭继电器电路

### 三、引擎音模拟器的工作原理

引擎音模拟器属于低速提示音系统（AVAS），该系统由低速报警器、整车控制器、组合仪表及低速报警器开关组成。纯电动汽车及混合动力汽车在纯电模式下行驶较为安静，其与行人发生交通事故的概率高于传统汽车。引擎音模拟器（见图2-46）是声音警示装置，当车速小于30km/h时，模拟发动机声音，用来提醒行人。引擎音模拟器控制信息来自CAN总线，通过自身的电子控制单元发出指定的声音信号，再通过功率放大器驱动扬声器发出响声。

当车速由0km/h向20km/h变化时，低速报警器将自动发出模拟发动机引擎的声音，车辆加速时，该低速报警器有加速声音音调的变化；车辆减速时，低速报警器有减速音调的变化。当车辆速度达到20km/h以上时，低速报警器报警声音为0dB。当收到关闭信号后，引擎音模拟器停止工作。

图2-46　引擎音模拟器

比亚迪e5引擎音模拟器的电路如图2-47所示。引擎音模拟器上带有可以通信的控制器，它上面连接四条线，分别是电源线、搭铁线、CAN-H和CAN-L。引擎音模拟器控制器的电源经F2/16熔断器供电，F2/16熔断器是仪表板配电盒中的16号熔断器，其额定电流是7.5A。引擎音模拟器插接器B67-1（舒适网CAN-H）、B67-2（舒适网CAN-L）分别通过B2A插接器B2A-6、B2A-8连接仪表板配电盒。比亚迪秦EV引擎音模拟器的电路如图2-48所示。组合仪表通过两条线连接引擎音模拟器，引擎音模拟器插接器编号为B88，1号端子为"信号+"，2号端子为"信号地"。

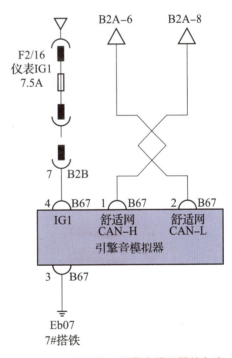

图2-47　比亚迪e5引擎音模拟器的电路

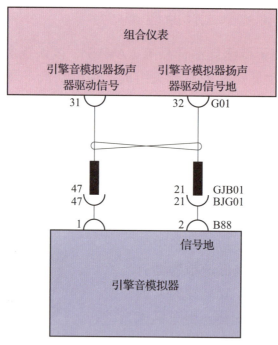

图2-48  比亚迪秦EV引擎音模拟器的电路

## 任务实施

### 一、拆装和检修喇叭、引擎音模拟器注意事项

（1）未经客户同意，不能关闭引擎音模拟器，或将音量设置为最小。

（2）喇叭安装在前发动机舱，拆卸喇叭之前需要安装翼子板布和前格栅布。

（3）拆卸喇叭前，断开蓄电池负极。

（4）需要测试喇叭时，可以短暂轻按喇叭开关，请勿长时间按下喇叭开关区域，否则极易损坏喇叭。

（5）喇叭开关和安全气囊是一体的，如图2-49所示，不能敲击喇叭开关，拆卸时需要遵守安全气囊的相关规则。

（6）在低速行驶中，若听不到引擎音模拟器的提示声，要将车辆停靠在相对安全和安静的地方，打开车窗，挂"D"挡，以20km/h匀速行驶验证发声效果。

图2-49  喇叭开关

比亚迪秦EV喇叭和引擎音模拟器如图2-50所示。

图 2－50　比亚迪秦 EV 喇叭和引擎音模拟器

## 二、喇叭故障的检修

喇叭不工作的主要原因包括熔断器熔断、电喇叭损坏、喇叭开关接触不良或损坏、线束断路或插接器接触不良等。根据具体的故障现象，可以优先检查不同的故障部位。

### 1. 检查熔断器

通过查找电路图册，F1/17 是喇叭熔断器，额定电流为 10A。按下喇叭开关，检查 F1/17 喇叭熔断器两个检测点的电压值，应为 12V 左右。

（1）如果两端电压值都是 0V 左右，说明供电有故障，需要进一步检修。

（2）如果一端电压值为 0V，另一端电压值为 12V 左右，说明该熔断器可能熔断。拆卸该熔断器，目测是否熔断，将万用表表笔搭接在熔断器 F1/17 的两端，测量阻值，应小于 1Ω。如果为 ∞，说明该熔断器熔断。

### 2. 检查喇叭

拆下不工作的喇叭，给喇叭两端子通蓄电池电源，B07（A）-1 接蓄电池的正极，B07（A）-2 接蓄电池的负极，检查喇叭是否鸣响。若喇叭鸣响，说明喇叭正常；若不响，则需要更换喇叭。

### 3. 检查线束

断开前舱配电盒插接器，断开高音喇叭插接器（见图 2－51），检查线束 B1C-5 到 B07（A）-1 之间的电阻及 B07（A）-2 到车身接地之间的电阻，正常值应小于 1Ω。如果为 ∞，说明该线路断路，需要更换。

### 4. 检查喇叭开关

检查喇叭开关前，需要拆下喇叭开关。喇叭开关和前安全气囊是一体的，拆卸时需要注意以下事项。

（1）遵守转向系统检修注意事项。

（2）脱开蓄电池的负极电缆，并用绝缘胶带缠好，等待 90s 以上。

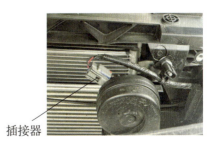

图 2－51　高音喇叭插接器

（3）确认前轮朝向正前方。

（4）拆下前安全气囊模块总成，用一字螺丝刀或同类型的工具从转向盘后护盖前方的拆装孔（见图 2-52）处插入，如果是第一次拆卸还需捅破该处隔层。

（5）松开安全气囊接头的卡扣，拔下安全气囊接头。拆下前安全气囊模块总成时，不要拉扯安全气囊线束。放置前安全气囊模块总成时，应保证其上表面向上。手不要触摸安全气囊线束，以防止静电触发安全气囊。

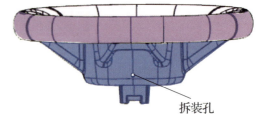

拆装孔

图 2-52　前安全气囊总成拆装孔

拆卸完前安全气囊总成后，检查喇叭开关是否有明显的损坏，检查喇叭线路有无断路。

## 三、引擎音模拟器的设置和检修

### 1. 引擎音模拟器的设置

下滑多媒体 PAD 主机中顶部状态栏，打开"便捷"界面，开启或关闭引擎音模拟器。车辆出厂时系统默认为开启状态。低速提示音系统有标准、动感和舒适三种音源，可通过在多媒体 PAD 主机中点击"车辆设置"→"智能提醒设置"进行设置。

### 2. 引擎音模拟器的检修

车辆在低速提示音系统关闭的状态下低速行驶，将无法提醒行人车辆临近，可能会引起车祸，严重时甚至会导致人员伤亡。若确认听不到提示音，则需要检修。

（1）检查引擎音模拟器是否关闭。

驾驶员可以通过低速提示音系统暂停开关（见图 2-53）或多媒体 PAD 主机关闭引擎音模拟器。只能在近距离内没有其他道路使用者，且周围环境明显不需要提示音时才可关闭引擎音模拟器。

（2）检查引擎音模拟器。

断电后检查引擎音模拟器的线束，拆下引擎音模拟器插接器 B88，拆下组合仪表插接器 G01，找到插接器 G01 的 31 和 32 号端子，分别测量 G01-31 到 B88-1 的阻值及 G01-32 到 B88-2 的

图 2-53　低速提示音系统暂停开关

阻值，应小于 $1\Omega$，否则检修线束。给引擎音模拟器施加 12V 的电压，引擎音模拟器应发出声音，否则说明其已经损坏，需要更换。

## 任务四　仪表系统的工作原理和检修

### 案例导入

一辆比亚迪秦纯电动轿车，其车主李先生发现该车整个仪表都不亮，于是将车开到专业维修店进行维修。

### 知识介绍

#### 一、汽车仪表系统的功能与种类

**1. 汽车仪表系统的功能**

汽车仪表一般集中安装在仪表板上，如图 2-54 所示。仪表系统显示车辆的各种运行参数和状态，让驾驶员能够及时关注车辆的运行状况，如车辆行驶速度、车辆保养提示、轮胎气压等，保证驾驶员安全驾驶和及时发现车辆异常。

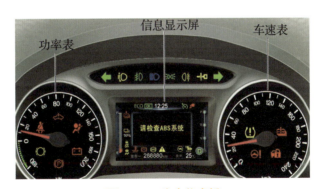

图 2-54　汽车仪表板

**2. 汽车仪表系统的种类**

汽车仪表系统主要有计量表、指示灯和警告灯等。计量表一般是指用来测量在某一时间间隔内流过的总量（积累量）的仪表，汽车仪表系统中的计量表主要包括车速表、功率表、电量表和里程表。指示灯的作用是提示车辆各功能的状况，警告灯具有警示功能。

## 二、汽车仪表系统的结构和原理

新能源汽车仪表系统广泛使用组合仪表，为了了解汽车的工作情况，及时发现和排除故障，常见的汽车仪表系统警告灯有动力电池过热警告灯、冷却液液位过低警告灯等。

### 1. 计量表

（1）车速表用来指示汽车的行驶速度，其工作基于轮速传感器（见图 2 - 55），轮速传感器测量车轮的旋转速度，ABS 将轮速信号转换为车速信号，通过 CAN 总线将数据传给组合仪表。

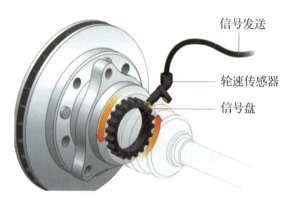

信号发送
轮速传感器
信号盘

**图 2 - 55　轮速传感器**

（2）功率表用来指示电流在单位时间内做的功，是描述汽车动力性能的指标，单位一般为马力或者千瓦。汽车功率表显示的是当前模式下整车的实时功率，一般情况下，功率越大，车辆的加速性能越好。功率表通过采集 CAN 总线上动力电池管理系统（BMS）发送的总电压、总电流计算得出功率。

（3）电量表显示汽车电量。新能源汽车的电量储存在单体电池中，BMS 通过汇集每一个单体电池的电压、温度等综合信息计算出电量，然后通过 CAN 总线传输给车辆的整车控制器（VCU），VCU 再通过 CAN 总线传输给组合仪表，电量表就有电量显示，如图 2 - 56 所示。

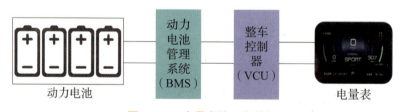

动力电池　　动力电池管理系统（BMS）　　整车控制器（VCU）　　电量表

**图 2 - 56　电量表的工作过程**

（4）里程表。里程表记录和显示车辆的总行驶里程。组合仪表通过 CAN 总线采集车速信号，计算后得到行驶里程。短里程可以清理，总里程不可清理。

### 2. 指示灯

（1）远光灯指示灯（见图 2 - 57）。组合仪表接收到远光灯开启的信息时，点亮此灯并长亮；接收到远光灯关闭的信息时，此灯熄灭。远光灯指示灯和远光灯同步工作。

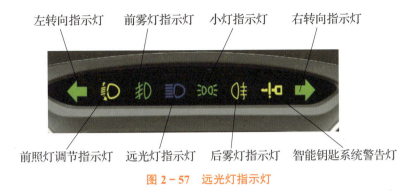

左转向指示灯　前雾灯指示灯　小灯指示灯　右转向指示灯

前照灯调节指示灯　远光灯指示灯　后雾灯指示灯　智能钥匙系统警告灯

图 2 - 57　远光灯指示灯

（2）车门开启指示灯（见图 2 - 58）。车门开启指示灯常亮，表示有的车门没有关闭。当任何一扇门（行李舱门除外）打开时，车门开启指示灯会亮起。当所有车门关闭时，车门开启指示灯将自动熄灭。其工作原理为从 BCM 接收各门和行李舱的开关状态信息。

（3）前后雾灯指示灯。该指示灯用来显示前后雾灯的工作状况。当前后雾灯点亮时，该指示灯相应的标志就会点亮。关闭雾灯后，相应的指示灯熄灭。其工作原理是从灯光组合开关接收雾灯开关信号。

（4）转向指示灯。用来显示转向信号灯的工作状态，指示灯亮起时表示左或右转向信号灯正在闪烁，组合仪表通过信号线采集转向信号灯开关信号。

（5）充电连接指示灯（见图 2 - 59）。指示充电系统的工作状态，当插上充电枪后，CAN 总线传输 DC - DC 转换器及充电系统信号，组合仪表控制充电连接指示灯点亮。

图 2 - 58　车门开启指示灯

图 2 - 59　充电连接指示灯

（6）挡位指示灯。用来指示车辆所处的挡位，新能源汽车挡位上的 P 代表停车挡、R 代表倒挡、N 代表空挡、D 代表前进挡。驾驶员操作换挡手柄或换挡拨杆时，挡位传感器将驾驶员的换挡意图通过动力网 CAN 线将信号传送给组合仪表，组合仪表点亮相关挡位的指示灯。挡位指示灯电路如图 2 - 60所示。

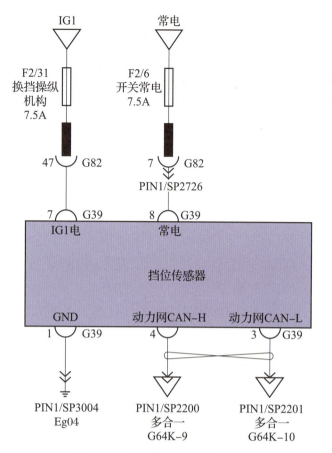

图 2-60　挡位指示灯电路

### 3. 警告灯类

汽车仪表系统警告灯具有警示的功能，当被监测的系统或总成不正常时，相关警告灯点亮，用于提示驾驶员。警告灯通常有标准的图形符号，如图 2-61 所示。

（a）转向系统故障警告灯

（b）动力电池过热警告灯

（c）充电系统故障警告灯

（d）驻车系统故障警告灯

（e）冷却液液位过低警告灯

（f）动力系统故障警告灯

图 2-61　警告灯的图形符号

### 🔧 任务实施

## 一、拆装仪表系统总成的安全注意事项

比亚迪秦 EV 仪表系统安装在驾驶位的正前方，转向柱的上部。当仪表系统发生故障时，需要检查和维修仪表系统，进行仪表系统总成的拆装检修。以下是比亚迪秦 EV 仪表系统总成拆装的注意事项。

（1）拆卸前及安装前请戴上手套保护双手。

（2）断开蓄电池负极。

（3）拆卸及安装前应先了解所拆卸零件的结构，避免拆卸过程中造成不必要的损坏。

（4）拆卸过程中所有用一字螺丝刀撬开的操作必须在螺丝刀头缠以柔性胶带，以避免损伤产品表面。

（5）安装后所有零件配合间隙与公差应符合外观公差表要求。

（6）按拆卸相反的顺序安装仪表系统总成，安装后，连接蓄电池负极，操控汽车一键起动开关，仪表系统应正常工作。

## 二、组合仪表不工作故障的检修

当组合仪表出现不工作的故障时，如比亚迪秦 EV 组合仪表不亮，可以使用故障诊断仪通过车上的诊断插口读取故障码，根据故障码提示进行诊断。如果没有故障码，可以按以下流程进行故障诊断。

### 1. 检查熔断器

如图 2 - 62 所示，查看组合仪表电路，检查熔断器，组合仪表有两个熔断器，即 F2/8 5A 熔断器和 F2/28 5A 熔断器，F2/8 和 F2/28 熔断器均位于仪表板配电盒内。用万用表检查 F2/8 熔断器是否导通，分别在"常电"和"上电"状态下检查 F2/8 和 F2/28 熔断器两个检测点的电压，都应该为 12V，如果熔断器异常，更换熔断器并检查电路是否存在短路故障。

### 2. 检查线束

根据组合仪表电路，断开组合仪表 G01 插接器，检查插接器各端子电压。常电状态下，G01-39 与车身搭铁之间的电压为 12V 左右；上电后，G01-38 与车身搭铁之间的电压为 12V 左右。分别检查 G01 - 11 和 G01 - 12 与车身搭铁之间的电阻，应该小于 $1\Omega$。如果数据异常，则更换线束或插接器。

### 3. 检查 CAN 线

组合仪表通过动力网和挡位传感器、充配电总成、整车控制器等进行通信，

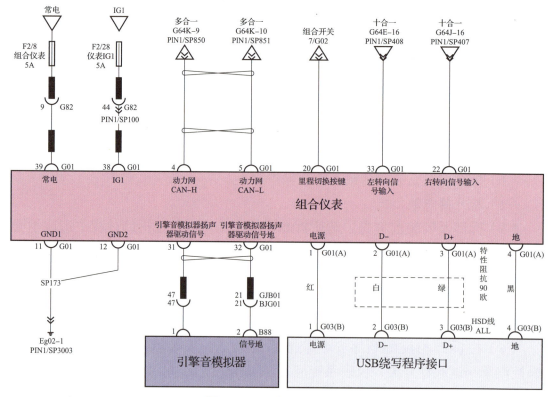

图 2－62　组合仪表电路图

当通信故障时，组合仪表也不能正常工作，按前文介绍的方法，检查动力网CAN线。

## 三、转向指示灯不工作故障的检修

当转向指示灯不工作时，可以按以下步骤对该故障进行检修。

### 1. 检查转向信号灯

检查转向信号灯工作情况，将灯光组合开关打到左转向信号灯挡位，观察左转向信号灯工作情况，如果左转向信号灯异常，则检查照明系统。

### 2. 检查转向指示灯

检查左右转向指示灯，将转向信号灯开关先后拨到左、右转向的位置，检查仪表板左、右转向指示灯是否正常闪亮。

### 3. 检查线束和插接器

转向指示灯控制电路如图 2－63 所示。断

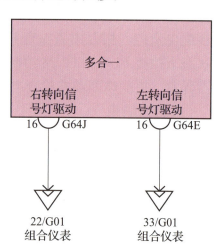

图 2－63　转向指示灯控制电路

开组合仪表 G01 插接器，断开"多合一"控制器插接器 G64E，用万用表电阻挡检测插接器端子 G64E-16 与插接器端子 G01-33、插接器端子 G64J-16 与插接器端子 G01-22 之间的电阻，正常值应该小于 1Ω。如果上述测量结果异常，如测量值为 ∞ ，则需要维修电路，逐段检查线束或插接器是否正常。

### 4. 更换组合仪表

如果上述检测均正常，则更换组合仪表。更换组合仪表后，转向指示灯应闪亮。

## 项目小结

本项目主要介绍了新能源汽车照明与信号系统、仪表系统的认知。通过本任务的学习，学生应掌握照明灯、信号灯、喇叭、引擎音模拟器、仪表系统等的功能、组成和工作原理；能够正确分析典型照明灯、信号灯、喇叭、引擎音模拟器、仪表系统等的电路图，能正确分析和排除照明灯、信号灯、喇叭、引擎音模拟器、仪表系统等的故障。

# 项目三

# 空调系统的工作原理和检修

 **学习目标**

**知识目标：** 1. 掌握空调制冷系统的组成与作用。

2. 掌握空调暖风系统的组成与作用。

3. 掌握空调制冷系统的工作原理。

4. 掌握空调暖风系统的工作原理。

**能力目标：** 1. 能识读空调系统熔断器位置分布图，找到相应熔断器的具体
位置。

2. 能够识读和分析新能源汽车空调系统电路图。

3. 能正确对空调系统进行车上检查与制冷剂加注。

4. 能独立完成PTC加热器的拆装。

5. 能独立或合作完成空调制冷系统故障的诊断与维修。

**素养目标：** 1. 培养工作中的安全意识。

2. 培养理论指导实践的学习素养。

 **建议学时**

18个学时。

 **项目情境**

小王有一辆比亚迪秦EV，他开了三年以后，发现空调系统出现了制冷方面的问题，他把汽车开到附近的4S店进行维修，维修人员发现需要进行一些系统组件的更换。如果你是该4S店的维修人员，请问你知道如何进行空调控制器、PTC加热器和电动压缩机等部件的检查与更换吗？

**任务一 空调制冷系统基础部分的工作原理和检修**

## 案例导入

一辆比亚迪秦 EV 出现空调不制冷故障，需要你对空调系统进行就车检查，根据电路图对制冷系统故障进行诊断。

## 知识介绍

### 一、新能源汽车空调制冷系统的组成

与常规燃油汽车不同，新能源汽车空调制冷系统的动力源是电动压缩机。空调制冷系统主要由电动压缩机、冷凝器、电子膨胀阀、蒸发器、空调制冷管路总成、空调风管总成及空调控制器等组成，如图 3-1 所示。

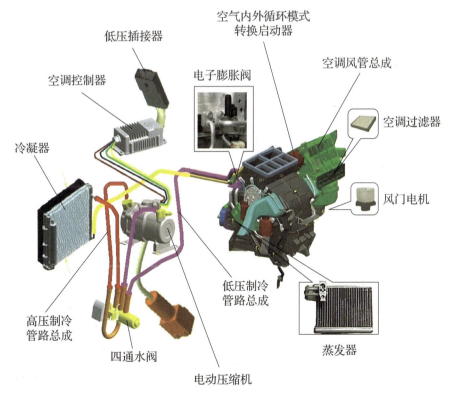

图 3-1 空调制冷系统组成

### 1. 电动压缩机

（1）电动压缩机的作用。压缩机是汽车空调制冷系统的心脏，其作用是将低压低温的气态制冷剂压缩成高压高温的气态制冷剂，并推动制冷剂在系统中循环流动。新能源汽车使用的电动压缩机一般是涡旋式压缩机，结构如图 3-2 所示。

图 3-2　电动压缩机

（2）电动压缩机的结构。新能源汽车采用的涡旋式压缩机属于第 3 代压缩机，安装于机舱内。涡旋式压缩机主要由一个固定的渐开线定涡盘和一个作偏心回旋平动的渐开线动涡盘相互啮合而成，内部结构如图 3-3 所示。定涡盘固定在机架上，动涡盘由偏心轴驱动并由防自转机构制约，围绕定涡盘基圆中心，作很小半径的平面转动。定涡盘和动涡盘如图 3-4 所示。

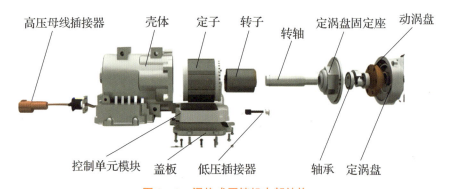

图 3-3　涡旋式压缩机内部结构

（3）电动压缩机的工作过程。涡旋式压缩机的吸气、压缩由定涡盘与动涡盘相互挤压完成，流动气体通过空气滤芯吸入定涡盘的外围，随着偏心轴的旋转，气体在动涡盘相互啮合形成的若干个月牙形压缩腔内被逐步压缩，进而形成吸气、压缩和排气过程，工作过程如图 3-5 所示。

图 3-4　定涡盘和动涡盘

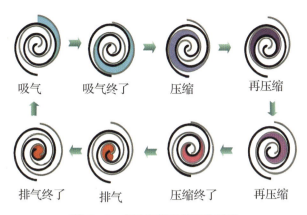

吸气　　吸气终了　　压缩　　再压缩

排气终了　　排气　　压缩终了　　再压缩

**图 3 - 5　电动压缩机的工作过程**

### 2. 冷凝器

（1）冷凝器的安装位置。汽车空调冷凝器一般和水箱散热器一起安装在汽车前端的中网后面，目的是在汽车行驶时靠迎面的来风使冷凝器管路中的制冷剂降温，这样便于利用行驶中的气流加强热量的散发。

（2）冷凝器的作用及工作原理。冷凝器的主要作用是对压缩机排出的高温高压制冷剂蒸气进行冷却，使之凝结成中温高压液体，同时将制冷剂蒸气放出的热量排到大气中。冷凝器内部的管路通常采用铝制或铜制材料，具有良好的导热性能。冷凝器与蒸发器都属于热交换器，蒸发器负责吸收车内热量，冷凝器则负责将热量散发出去，其工作原理如图 3 - 6 所示。

### 3. 电子膨胀阀

（1）电子膨胀阀的安装位置。膨胀阀是制冷系统中广泛使用的一种常用部件，新能源汽车一般使用的是电子膨胀阀，通常安装在空调蒸发器的入口位置，如图 3 - 7 所示，起到调节和控制制冷剂流量的作用。

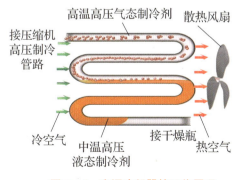

高温高压气态制冷剂　散热风扇
接压缩机
高压制冷
管路
冷空气　　　　　　接干燥瓶
中温高压　　　　热空气
液态制冷剂

**图 3 - 6　空调冷凝器的工作原理**

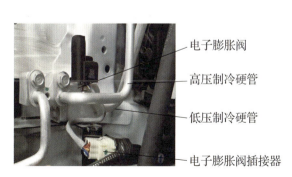

电子膨胀阀
高压制冷硬管
低压制冷硬管
电子膨胀阀插接器

**图 3 - 7　电子膨胀阀的安装位置**

（2）电子膨胀阀的结构和工作原理。电子膨胀阀感温包安装在蒸发器的出口，通过感受蒸发器出口温度，电子膨胀阀在其膜片和弹簧等的共同作用下实现节流降压和调节流量等，如图3-8所示。电子膨胀阀通过节流过程将中温高压的液体制冷剂转化为低温低压的湿蒸气，以便在蒸发器中吸收更多的热量，达到制冷效果。电子膨胀阀还根据蒸发器负荷的变化实时调整制冷剂流量，确保蒸发器能够有效吸收室外热量。

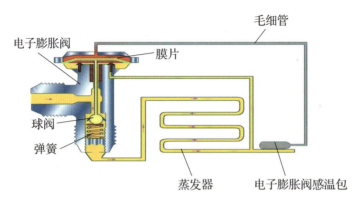

**图3-8  电子膨胀阀的工作原理**

电子膨胀阀由阀体、电机、接口（入口、出口）等组成，如图3-9所示。阀体由阀杆、阀座和阀针等组成，它是电子膨胀阀的主体部分，用于控制制冷剂的流量。电机包括转子和线圈两部分，它是电子膨胀阀的动力源，通过电机的旋转来调节阀门的开启程度。空调系统的温度传感器检测蒸发器制冷剂的压力和温度，将检测到的数据发送给电控单元。电控单元根据温度传感器发送的数据，控制电机的旋转，从而调节阀门的开启程度，进而控制制冷效果。

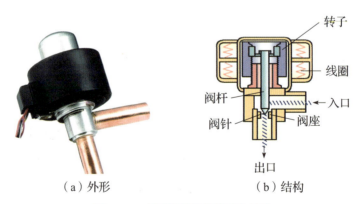

（a）外形　　　　　　　　　　（b）结构

**图3-9  电子膨胀阀的外形和结构**

电子膨胀阀线圈通过电流产生磁场并作用于阀针，驱动阀针旋转，当改变线圈的正、负电源电压和信号时，电子膨胀阀也随之开启、关闭或改变开启与关闭间隙的大小，从而控制系统中制冷剂的流量及制冷、制热量的大小。电子膨胀阀开度越小，制冷剂流量越小，其制冷、制热量越大。

### 4.蒸发器

（1）蒸发器的安装位置。蒸发器通过制冷剂的蒸发来吸收车内空气中的热量，从而降低车内空气温度。其主要作用是冷却空气和控制湿度，提供舒适的驾驶环境。蒸发器通常位于车内仪表板下的蒸发箱体内，如图3-10所示。如果需要更换或修理蒸发器，需要先将车内仪表板拆卸下来，然后拆下蒸发箱体。蒸发箱体拆卸时需要先放掉空调制冷系统中的制冷剂。

（2）蒸发器的结构。空调蒸发器是由一系列的金属管道和金属薄片组成的，这些管道和薄片通常被安装在一个金属或塑料的外壳内，如图3-11所示。空调蒸发器的结构设计旨在最大限度地增加表面积，以便空气能够通过并与蒸发器内的制冷剂进行热交换。

图3-10　空调蒸发器的安装位置

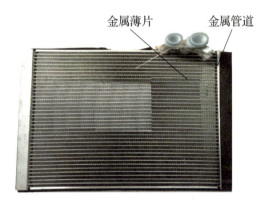

图3-11　空调蒸发器的结构

（3）蒸发器的工作原理。从膨胀阀或节流孔管流出直接进入蒸发器的制冷剂由于体积突然膨胀而变成低温低压雾状物（液体微粒）。这种状态的制冷剂很容易汽化，汽化时将吸收周围大量的热量，空调鼓风机强制使进入车内的空气从蒸发器表面流过，通过金属薄片将热量传给蒸发器内的制冷剂，通过吸收热量使液态的制冷剂汽化。经过蒸发器的空气变得更加凉爽和干燥，然后通过空调制冷系统的出风口进入车内，为乘客提供舒适的环境。

## 二、新能源汽车空调制冷系统的工作原理

电动压缩机受高压电驱动，当压缩机工作时，压缩机吸入从蒸发器出来的低温低压的气态制冷剂，经过压缩机压缩后制冷剂的温度和压力升高，并被压入冷凝器。压缩机输送给冷凝器的高温高压气态制冷剂的压力为150～1 700kPa，温度为80～90℃。

在冷凝器内，高温高压的气态制冷剂把热量传递给经过冷凝器的车外空气

而液化，变成液态（释放热量），热量被车外的空气带走，此时制冷剂的压力为150～1 800kPa，温度为70～80℃。

高压液态制冷剂流经膨胀阀时，因节流作用温度和压力降低，进入蒸发器，进入蒸发器的制冷剂压力为200～500kPa，温度为10～20℃。在蒸发器内，低压液态制冷剂在蒸发器中汽化而进行热交换（吸收热量），变成气态，此时制冷剂压力为200～300kPa，温度为5～10℃。

此时蒸发器附近被冷却了的空气通过鼓风机吹入车厢。气态的制冷剂又被压缩机抽走，泵入冷凝器，如此使制冷剂进行封闭的循环流动，不断地将车厢内的热量排到车外，使车厢内的气温降至适宜的温度。空调制冷系统工作原理如图 3 - 12 所示。

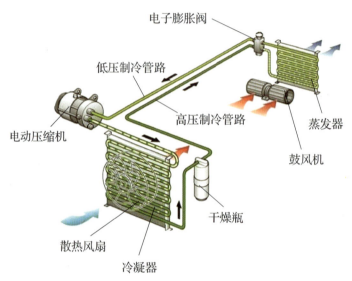

图 3 - 12　空调制冷系统工作原理

混合动力汽车（HEV）空调系统为双压缩机（机械压缩机和电动压缩机）自动调节空调，整车有电时，由电动压缩机将低压气态的制冷剂从蒸发器中抽出进行制冷循环。整车下电时，驱动电机控制器驱动发动机工作，由皮带驱动电动压缩机将低压气态的制冷剂从蒸发器中抽出进行制冷循环。

## 三、操控空调控制面板

大多数新能源汽车空调按钮的设计都集中在一个控制面板上，这样不仅节省仪表台的空间，还有利于用户进行自主切换。部分新能源汽车空调按钮如图 3 - 13 所示。

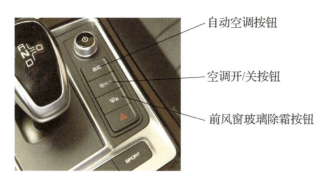

图 3 – 13　部分新能源汽车空调按钮

以比亚迪秦 PLUS EV 空调控制面板（见图 3 – 14）为例，来详细说明空调控制面板的功能。

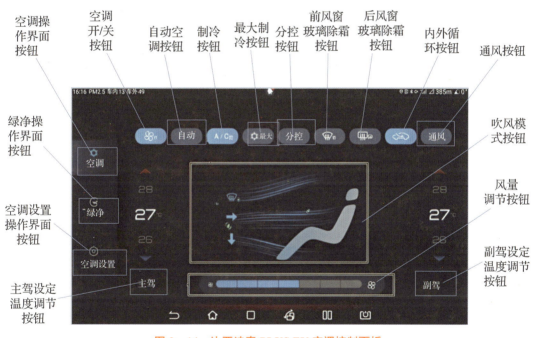

图 3 – 14　比亚迪秦 PLUS EV 空调控制面板

（1）空调控制面板液晶显示屏。空调控制面板液晶显示屏通常用于显示出风口的风向位置信息、鼓风机的风量大小信息、内外循环的开关信息、制冷模式信息等。

1）出风口的风向位置信息：指示车辆在当前驾驶模式下，车内送风风向位置，比如面部、脚部等。可通过液晶显示屏上的吹风模式按钮进行模式切换。如图 3 – 15 所示，空调电控单元根据用户的意愿使送风位置达到合适的状态。

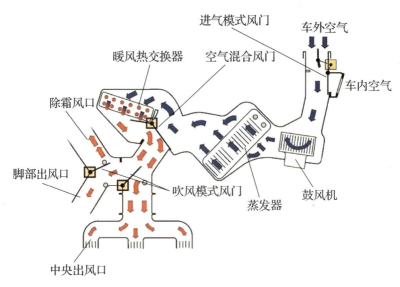

图 3-15　空调送风原理图

2）鼓风机的风量大小信息：风量调节按钮用于调节鼓风机风量，它既能指示车辆当前空调系统送风风量的大小，又能根据用户的意愿调节风量，以达到合适的状态。

3）内外循环的开关信息：指示车辆当前的空气循环路径，可以通过内外循环按钮进行调节。"空气内循环"模式是指鼓风机开启时，吸入的气流仅来自车内，形成车辆内部的气流循环。采用"空气外循环"模式时，鼓风机从车外吸入空气。空调电控单元通过电机控制进气模式风门即可以控制进气循环模式。"空气内循环"模式能有效地阻止外部的灰尘和有害气体进入车内，如车辆行驶在烟雾、扬尘、异味区域或车辆密集紧凑行驶时，应开启"空气内循环"模式。"空气内循环"模式还可以提高空调的制冷和升温效果，并具有较好的保温效果。但是，长时间使用"空气内循环"模式会使车内的空气质量降低，可能让人感觉头昏。应当开一段时间"空气内循环"模式后切换到"空气外循环"模式，让新鲜空气进入车内，改善空气质量。

4）制冷模式信息：指示车辆当前制冷状态。

（2）空调开/关按钮（A/C）。比亚迪秦 PLUS EV 空调系统不再采用机械按钮，而采用触摸式按钮。按照液晶显示屏的提示信息，正确操作空调开/关按钮，使空调系统正常运转。

（3）最大制冷按钮。按下此按钮，空调进入最大制冷模式，压缩机开启，温度调节为 LO，风量调节为最大风量，内外循环状态为内循环，吹风模式为吹面部。再次按下此按钮，空调可退出最大制冷模式。

（4）自动空调按钮。按下自动空调按钮，按钮点亮，换挡操纵机构面板上自动空调按钮指示灯也点亮，对压缩机状态、风量大小、吹风模式自动进行调节。

除了上述按钮，还有后风窗玻璃除霜按钮、绿净操作界面按钮、主/副驾设定温度调节按钮等可以对空调系统进行相应的设置。

## 🔧 任务实施

### 一、安全注意事项

在进行新能源汽车空调制冷系统检查维修作业前，需查阅维修手册和用户手册，遵守操作规程。

（1）维修前应使工作区通风，请勿在封闭的空间或接近明火的地方使用制冷剂。维修前应戴好护目镜，保持至维修完毕。

（2）避免液体制冷剂接触眼睛和皮肤。若液体制冷剂接触眼睛和皮肤，应立即用冷水冲洗，并注意不要揉眼睛或擦皮肤。在皮肤上涂凡士林软膏。严重的要立刻找医生或到医院寻求专业治疗。

（3）压缩机运转时不要打开压力表高压阀，只能打开和关闭低压阀。

（4）必须使用专用冷冻油，不可乱用其他品牌的润滑油代替。冷冻油具有较强的吸水性，在拆下管路时要立即用堵塞或口盖堵住管口，不要使湿气或灰尘进入空调制冷系统。在排放系统中过多的制冷剂时，不要排放过快，以免将系统中的冷冻油也排出去。

（5）检查冷凝器散热片表面是否有脏污。不要用蒸汽或高压水枪冲洗，以免损坏冷凝器散热片，应用软毛刷刷洗。

（6）避免制冷剂过量。若制冷剂过量，会导致制冷不良。

### 二、就车检查空调系统

#### 1. 直接观察检查

（1）仔细观察管路有无破损、冷凝器的表面有无裂纹或油渍。如果冷凝器、蒸发器或其管路某处有油渍，应确认有无渗漏。可用检漏仪重点检查的部位有：各管路的接头处和阀的连接处（见图3-16），压力开关安装的位置，软管及软管接头处，压缩机油封和密封垫等处，冷凝器、蒸发器连接口及表面有刮伤变形处等。

（2）查看电气线路。仔细检查有关的线路

图3-16　检查管路连接位置

连接处有无断开。用手检查线束插接器插接是否良好，空调系统各线束插接器有无松动和发热。如果插接器有松动或表面的温度较高（发热），则说明插接器内部接触不良，会导致空调系统不工作或工作不正常。

**2. 检查制冷管路的温度**

（1）空调制冷系统高、低压端的检查。

打开空调，使压缩机工作 10～20min 后，用红外测温仪或万用表测温功能测量空调系统高压制冷管路及部件。从压缩机出口→冷凝器→干燥瓶→膨胀阀进口处，温度应从高到低。如果中间的某处特别热，则说明其散热不良；如果某个部件温度较低，则说明空调制冷系统可能有阻塞、无制冷剂、压缩机不工作或工作不良等故障。

检查低压端时，用红外测温仪或万用表测温功能测量低压制冷管路及部件。从蒸发器到压缩机进口处，温度应逐渐降低。如果温度较高或某处出现了霜冻，则说明空调制冷系统出现异常。

（2）检查压缩机出口端温度差。

打开空调，使压缩机工作 10～20min 后，用红外测温仪或万用表测温功能测量压缩机进出口两端，压缩机的高、低压端应有明显的温度差。如果温度差不明显或无温差，则可能是已完全无制冷剂或制冷剂严重不足。

**3. 检查制冷管路的压力**

空调制冷系统工作压力的检测需要用到歧管压力表，具体操作方法如下：

（1）车辆停放安全（驻车制动杆拉紧，关闭一键起动开关，安装车轮挡块）。做好车辆防护（装好车辆五件套）。

（2）打开前机舱盖，拆下高、低压制冷管路上的检修阀护帽。

（3）歧管压力表组件高、低压侧手动阀都关闭，蓝色的低压侧软管接低压检修阀，红色的高压侧软管接高压检修阀。

（4）将一键起动开关置于 ON 挡，按下空调开/关按钮，将温度设定为最冷、鼓风机风速调至最大、风向调至中央出风口出风、切换为"空气外循环"模式。

（5）关闭车门和车窗，使汽车空调制冷系统运行 3～5min。

（6）把温度计插进中间出风口并观察空气温度，在外界温度为 27℃时，运行 5min 后出风口温度应接近 7℃。

（7）从歧管压力表组件高、低压侧压力的读数来判断空调制冷系统的故障。空调制冷系统高压端的压力一般为 1 103～1 517kPa，低压端压力一般为 103～241kPa，其压力会因车型和环境温度不同而有所不同。

测量压力异常分析：压力表的读数高、低压侧压力很低，说明制冷剂不足；压力表的读数高、低压侧压力过高，很可能是制冷剂过多，散热不良或系统有

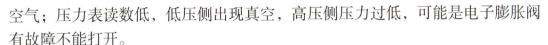

空气；压力表读数低，低压侧出现真空，高压侧压力过低，可能是电子膨胀阀有故障不能打开。

（8）检测完毕后，关闭空调，关闭一键起动开关，卸掉歧管压力表组件，把检修阀的护帽旋回，关闭前机舱盖。

### 三、加注制冷剂的步骤

以比亚迪秦 EV 为例，给空调系统加注制冷剂（R134a）的操作流程如下：

（1）准备好制冷剂加注工具和制冷剂（其他车型请查阅维修手册确认加注的制冷剂型号与加注量），加注制冷剂时常用到歧管压力表，其结构如图 3-17 所示。

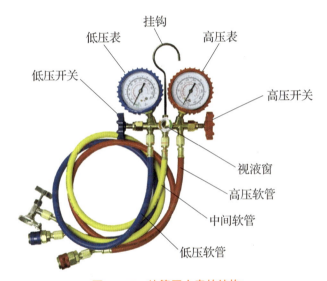

**图 3-17 歧管压力表的结构**

（2）找到制冷剂高压、低压加注口，目视检查高压、低压加注口护帽有没有缺失，将歧管压力表的高低压软管分别与空调系统高低压接口连接。

（3）将歧管压力表中间软管与真空泵抽真空接口连接，将高低压开关完全打开，然后打开真空泵开关，抽 15min 左右，此时高低压力表显示真空值，如图 3-18 所示。

（4）抽完真空后，先完全关闭歧管压力表的低压开关，再关闭高压开关，最后关闭真空泵开关，等待 10min，观察歧管压力表有没有显示压力下降，以检查系统是否存在泄漏。

（5）10min 过后如压力表没有变化，取下抽真空接口上的黄色软管，并安装好开瓶器。然后接上制冷剂瓶，打开制冷剂瓶开关，将制冷剂瓶竖立并按下排气塞进行排空气操作，让气体溢出 1min 左右，如图 3-19 所示。

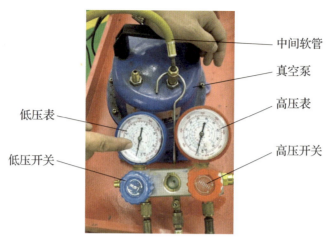

图 3 - 18　空调系统抽真空

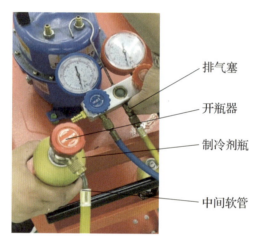

图 3 - 19　制冷剂瓶排空气

（6）加注制冷剂时，将制冷剂瓶倾斜 45° 左右，以便从高压软管充注液态制冷剂。拧开歧管压力表高压侧手动阀至全开位置。加注时，注意观察高压表上的压力，当表压达到 0.4MPa 左右时，关闭歧管压力表高压侧手动阀。

（7）加完第一瓶后，关闭高压侧手动阀，将一键起动开关置于 ON 挡，按下空调开 / 关按钮，并按下最大制冷按钮。

（8）取下第一瓶，安装第二瓶并用开瓶器打开第二瓶制冷剂。将制冷剂瓶竖立并按下排气塞进行排空气操作。将制冷剂瓶正置，轻微打开低压侧手动阀，从低压软管继续充气态制冷剂；加注过程中，注意观察高压表的压力，当高压达到 1 500kPa 时将低压侧手动阀关掉，观察视液窗，确认系统内无气泡、无过量制冷剂。用专用仪器检测出风口温度，7℃以下为正常，如图 3 - 20 所示。

**图 3 – 20  制冷剂加注压力及出风口温度**

注意：1）高压端充注制冷剂时，严禁开启空调系统，否则会造成制冷剂瓶爆裂，也不可打开低压侧手动阀；2）给空调过量灌充制冷剂会导致制冷效率降低或引发制冷系统故障。

（9）至此新能源汽车的空调制冷剂加注完成。

## 四、电动压缩机的检查

### 1. 识读电动压缩机的电路

电动压缩机由高压电驱动，由"多合一"控制器进行控制。电动压缩机电路如图 3 – 21 所示。电动压缩机上有四条接线，采用 IG4 继电器控制电源供电，电源由 F1/8 电动压缩机 7.5A 熔断器至电动压缩机插接器 BA17–1 端子，通过电动压缩机插接器 BA17–1 端子至车身搭铁构成回路。BA17–4 和 BA17–5 分别连接舒适网 CAN–H 线和 CAN–L 线。

### 2. 检查电源线和搭铁线

按下一键起动开关（关闭点火开关），断开电动压缩机插接器 BA17（见图 3 – 22）。按下一键起动开关（打开点火开关），测量 BA17–1 连接的电源线的电压，应该在 12V 左右；测量 BA17–2 连接的搭铁线与搭铁之间的阻值，应小于 1Ω。

### 3. 检查 CAN–H 和 CAN–L 线

测量 BA17–4 连接的 CAN–H 线和 BA17–5 连接的 CAN–L 线的电压，应为 5V；测量 BA17–4 与 BA17–5 的对地电压，正常应为 1.5 ~ 3.5V，否则为异常。断电后测量 BA17–4 和 BA17–5 之间的阻值，应为 120Ω 左右，否则检查舒适网相关线路。高压下电，并验电正常后，检查电动压缩机高压线束插接器是否松动，绝缘阻值是否符合要求，参考值为大于或等于 100MΩ。

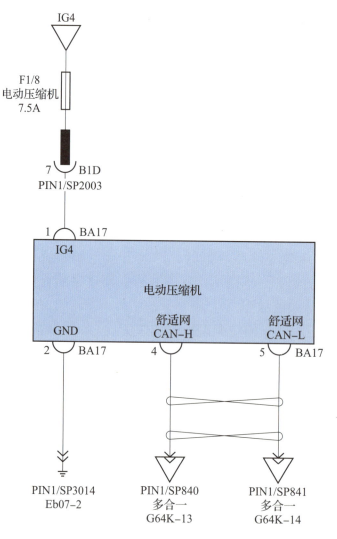

图 3-21　比亚迪秦 EV 电动压缩机电路

图 3-22　电动压缩机插接器 BA17

### 4. 检查绝缘性能

如图 3-23 所示，将绝缘电阻测试表调到 500V 量程位置，正极（红表笔）

连接高压线束，负极（黑表笔）接地（被测部件的外壳），正常的绝缘电阻阻值应大于100MΩ。根据测量数据，判断电动压缩机高压绝缘电阻的状况。如果绝缘电阻、电压和电流值均正常，说明高压绝缘性能良好。如有异常，需进一步检查高压线束、插接器等部件，找出故障原因并进行修复。

图3-23 测量电动压缩机绝缘电阻

## 五、电动压缩机的更换

### 1. 准备工作

在拆卸电动压缩机前，需要准备好必要的工具和材料，包括扳手、扭矩扳手、螺丝刀、钳子、废油桶等。同时将车辆电源挡位退至OFF挡，以确保操作过程中的安全。

在维修过程中需要注意：在操作过程中，务必切断电源，以免产生电气安全问题；拆卸电动压缩机时，一定要注意轻拿轻放，以免损坏部件；请勿使用与车辆型号不匹配的电动压缩机，以免影响空调系统的正常运行；操作完毕后，要将废油桶放到指定位置，以免污染环境。

### 2. 电动压缩机的拆卸流程

（1）断开蓄电池负极。

（2）等待放电后拔下动力电池包高压母线（注意安全防护）。

（3）拔下电动压缩机输入高压母线（见图3-24）和低压插接器（见图3-25）。操作过程中注意安全防护。

（4）使用歧管压力表从高低压软管回收制冷剂，回收时注意安全规范操作。使用10mm套筒工具拆下连接压缩机的空调软管。

（5）使用10mm套筒工具拆下电动压缩机的四颗固定螺栓，取下电动压缩机。

输入高压母线

低压插接器

图 3 - 24　电动压缩机输入高压母线　　　　　图 3 - 25　电动压缩机的低压插接器

### 3. 电动压缩机的安装流程

按拆卸相反顺序安装电动压缩机。安装完毕后，上电，打开空调检查电动压缩机是否正常运转。

## 任务二　空调制冷系统电控部分的工作原理和检修

### 案例导入

一辆比亚迪秦 EV 的车主反映，打开该车空调系统的制冷开关，不能出冷风。作为一名新能源汽车维修技术人员，请你对客户的车辆进行检查，并诊断和排除空调系统故障。

### 知识介绍

### 一、空调控制器

新能源汽车空调制冷系统电控部分由车内温度传感器、车外温度传感器、蒸发器温度传感器、阳光雨量传感器、空调压力开关、空调控制器、电动压缩机、电子膨胀阀、负离子发生器、风门电机等部件组成。

空调控制器是整个空调系统（包括制冷、暖风）的总控中心，协调控制空调系统的工作，它安装在蒸发箱体底部，有的空调控制器还控制电池热量管理。空调控制器在整车 CAN 网络上属于舒适网，但它与电动压缩机模块和 PTC 模块组成一个空调子网。空调控制器的内部包括很多集成电路，其结构如图 3 - 26 所示。

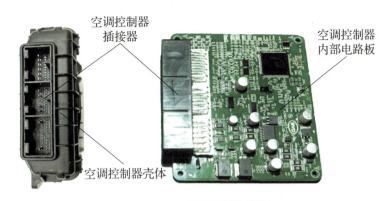

图 3 - 26    空调控制器结构

空调控制器电源电路如图 3 - 27 所示。该控制器有常电、IG4 继电器供电两条电源线，两条搭铁线。常电来自仪表板配电盒的 F2/38 5A 熔断器，IG 继电器供电经过前舱配电盒中 IG4 继电器控制的 F1/10 7.5A 熔断器，两条搭铁线都是仪表接地。

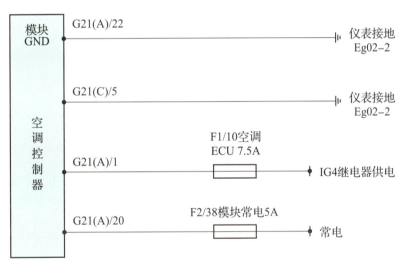

图 3 - 27    空调控制器电源电路

## 二、温度传感器

### 1. 车内温度传感器

车内温度传感器是空调系统的重要传感器之一，通常布置在主驾驶位右上方仪表本体上。如图 3 - 28 所示，车内温度传感器是一个具有负温度系数特性的热敏电阻温度传感器，它通过通风管接口来检测车内温度。当温度变化时阻值改变，向空调控制器输送温度信号。车内温度传感器的电路如图 3 - 29 所示。车内温度传感器的两条接线，一条连接空调控制器，另一条连接搭铁。后文介绍的车外温度传感器和蒸发器温度传感器的电路与车内温度传感器基本类似。

图 3 - 28　车内温度传感器总成　　　　图 3 - 29　车内温度传感器的电路

　　车内温度传感器可以帮助空调系统判断驾驶室内温度是否达到设定的值，自动启停空调系统以保持所设定的温度，从而保持舒适的驾驶环境，提高能源利用效率。

### 2. 车外温度传感器

　　车外温度传感器安装在前保险杠进气格栅处，它是空调系统的重要组成部件，主要作用是给空调控制器提供车外的温度信号，空调控制器根据此信号与车内温度信号对比确定车内的温度，以满足车内人员的需要。车外温度传感器是一个具有负温度系数特性的热敏电阻温度传感器，其结构如图 3 - 30 所示。

### 3. 蒸发器温度传感器

　　蒸发器温度传感器通常安装在空调制冷系统的蒸发器表面上，位于蒸发器的进气口或者出气口附近，如图 3 - 31 所示。蒸发器温度传感器用于检测蒸发器表面的温度，修正混合风门位置，调节车内温度，控制压缩机，保证蒸发器在 0℃以上环境工作，防止蒸发器表面结冰。

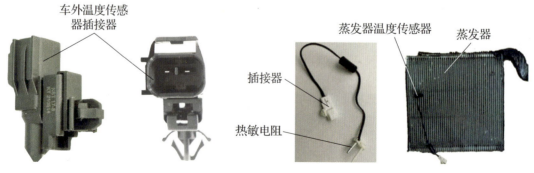

图 3 - 30　车外温度传感器　　　　图 3 - 31　蒸发器温度传感器及安装位置

### 三、阳光雨量传感器

阳光雨量传感器主要用于感知环境光照和雨量，并向车辆系统提供相应的数据。它一般布置在上仪表本体上，靠近主驾驶位前除霜风口处，如图3-32所示。阳光雨量传感器会将感知到的光照和雨量数据转化为数字信号，并通过车辆的电气系统传输给相关电控单元。车电控单元可以根据这些数据自动调节车辆的灯光亮度，开启或关闭刮水器等功能。

**图3-32　阳光雨量传感器安装位置**

阳光雨量传感器通过内部的光敏元件感知周围环境的光照强度。光照强度变化时，光敏元件的电阻或电流也相应变化，传感器通过测量这些变化来获取环境光照的信息。阳光雨量传感器还包含一个雨量感应器，通常使用霍尔元件或红外传感器。当雨滴接触感应器表面时，会引起电磁或光信号的变化，传感器通过监测这些变化来判断是否有雨水降落。

有的汽车没有雨量传感器，没有自动刮水功能。阳光传感器和环境光传感器集成安装在一起，环境光传感器能感知周围的光线，从而自动调节背光亮度，用以保证用户最佳的驾驶体验。比亚迪秦EV的阳光传感器和环境光传感器集成在一起，也称为二合一传感器，其电路如图3-33所示。

### 四、空调压力开关和空调压力传感器

#### 1. 空调压力开关

空调压力开关通过对空调系统的高低压力控制，保护电动压缩机和空调系统。空调压力开关安装于空调系统高压管路上，也称为高压开关，如图3-34所示。

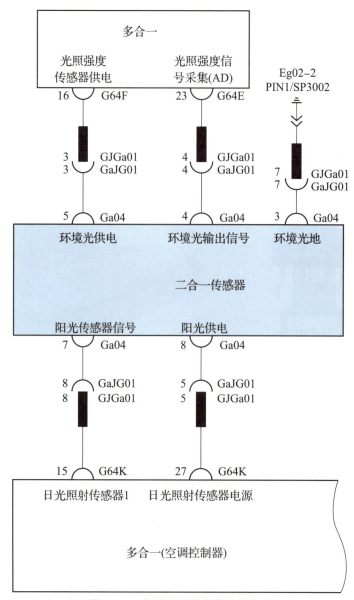

图3-33　阳光和环境光传感器电路

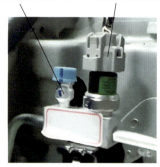

图3-34　空调压力开关及安装位置

空调压力开关一般有两种：一种是高、低双态压力开关；另一种是高、中、低三态压力开关。有的空调系统还有安装在低压管路上的空调低压压力传感器。空调压力开关电路如图3-35所示。

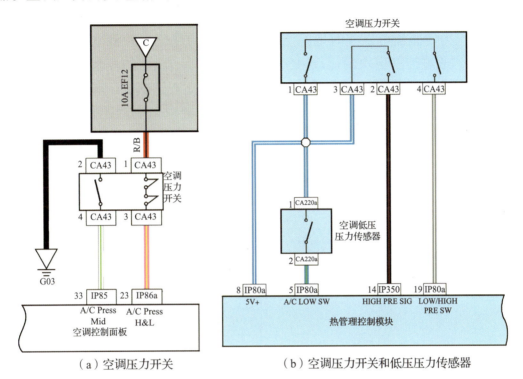

（a）空调压力开关  （b）空调压力开关和低压压力传感器

**图 3 - 35  空调压力开关电路**

（1）空调压力开关的工作过程。

低压保护：如果制冷剂压力太低或者空调制冷系统存在问题，由于弹簧的压力大于制冷剂压力，因此触点断开，使电动压缩机离合器断路，电动压缩机停止工作。中压保护：在达到预设的制冷剂压力时，使散热风扇工作或加速运转。高压保护：当制冷剂压力过高或者空调制冷系统存在问题时，由于制冷剂压力不仅高于弹簧压力，还高于膜片的弹力，因此膜片由拱形变平，并使电路断开，电动压缩机停止工作。

（2）空调压力开关的基本工作原理。

1）高、低压双态压力开关的基本工作原理。当空调系统内压力高于3.14MPa或低于0.196MPa时，膜片受压瞬间发生翻转，推动连杆导致触点断开；当系统压力降低或升高到安全压力值（0.225～2.54MPa）时，膜片瞬间复位，开关接通。

2）高、中、低压三态压力开关的基本工作原理。在双态压力开关内部增加了一组独立的触点开关，控制散热风扇的工作状态，当空调系统内压力高于

1.52MPa 时，该组膜片受压瞬间发生翻转，导致触点开关接通，使散热风扇工作或高速起动；当空调系统内压力低于 1.25MPa 时，该组膜片泄压瞬间复位，触点开关断开，致使散热风扇停转或匀速运转。

#### 2. 空调压力传感器的工作原理

空调压力传感器可以实时地检测制冷剂的压力变化，并将电信号传输到空调系统中，通过控制模块的比较来实现制冷剂流量和温度的控制，可以提高空调系统的精度和稳定性，保证系统的正常工作。比亚迪秦 EV 空调压力传感器的电路如图 3-36 所示。该传感器有三条接线，分别是空调控制器提供的 5V 电源线、空调压力传感器输送压力信号的信号线、空调控制器提供的负极搭铁线。

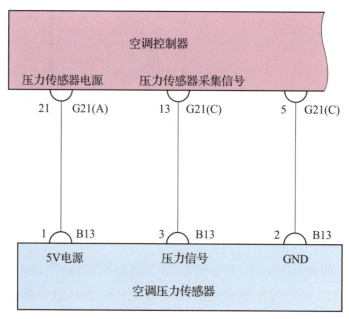

图 3-36　比亚迪秦 EV 空调压力传感器的电路

### 五、空调压力温度传感器

空调压力温度传感器（P+T 传感器）是空调系统的一个重要组成部分，一般安装在蒸发器出口附近的空调管路上，用于测量蒸发器出口的压力和温度，并将这些信息传递给空调控制器，以帮助其调整空调系统的运行参数。如果该传感器出现故障，可能会导致空调系统无法正常工作。空调压力温度传感器及安装位置如图 3-37 所示。

空调压力温度传感器的工作原理与其他温度传感器和压力传感器类似，这里不再赘述。比亚迪秦 EV 空调压力温度传感器的电路如图 3-38 所示。空

图 3 - 37　空调压力温度传感器及安装位置

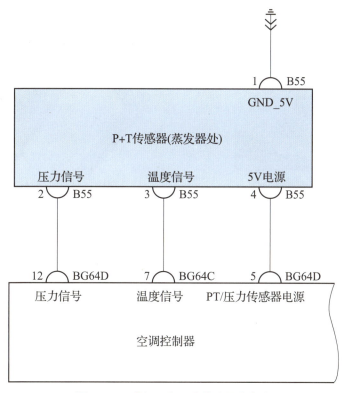

图 3 - 38　空调压力温度传感器的电路

调压力温度传感器有四条接线，它通过插接器 B55 - 4 端子连接空调控制器提供的 5V 电源线，通过插接器 B55 - 2 端子及连线向空调控制器传输压力信号，通过插接器 B55 - 3 端子及连线向空调控制器传输温度信号，通过插接器 B55 - 1 端子连接负极。

## 六、鼓风机

比亚迪秦 EV 的空调鼓风机位于副驾驶位手套箱的下面，需要拆下手套箱和挡板才能看到，如图 3 - 39 所示。鼓风机由直流电机驱动，通过三颗螺钉固定在车辆空调系统的风箱里面，用导线连接到车辆的空调控制面板上。

汽车鼓风机的作用是把空调蒸发器上的冷气或者副水箱的热气吹到车内。鼓风机主要有调速电阻式和调速控制器式两种形式。现代汽车一般使用调速电阻式鼓风机进行风速的控制，其用几个电阻串联控制，结构简单，安装检修方便，得到广泛使用。唯一的缺点是通电时间长，电阻容易发烫发热，长时间得不到冷却容易烧毁。所以鼓风机电阻都有散热片（见图3-40），大多安置在鼓风机内部，在鼓风机工作时旋转送风进行冷却，使鼓风机电阻散热，从而延长电阻的寿命。

图3-39　空调鼓风机

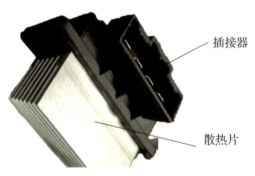

图3-40　空调鼓风机散热片

## 任务实施

### 一、任务实施准备

微课

比亚迪秦EV空调制冷系统电控部分的工作原理和检修

（1）实训器材：纸质版或电子版比亚迪秦EV电气原理图、实训车辆、解码器、万用表、导线若干和试电笔等。

（2）实训准备：在实训车辆内铺好脚垫、坐垫、转向盘护套等；在实训车辆外铺好翼子板防护布和前格栅防护布。

（3）安全教育：爱护车辆，不可以损伤漆面；不能使用万用表测量蓄电池电阻，不能使用万用表电流挡直接测量电池电流；正确使用万用表等测量仪器，不要恶意损坏。

### 二、空调控制器电路的检测

空调控制器电路故障时会出现故障码B2A0717——电源过压（高于16V）、B2A0716——电源欠压（低于9V）。

#### 1. 检查熔断器

用万用表检查前舱配电盒F1/10熔断器通断；用万用表检查仪表板配电盒

F2/38 熔断器通断。若异常，则更换熔断器。

### 2. 检查空调控制器插接器端子的电压

从空调控制器插接器 G21（A）后端使用探针测量，插接器 G21（A）、G22（B）、G21（C）如图 3－41 所示。

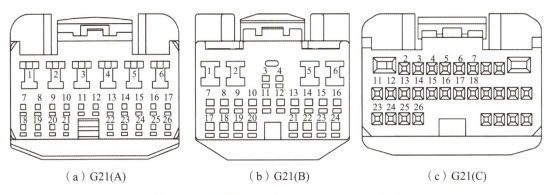

（a）G21(A)　　　　　（b）G21(B)　　　　　（c）G21(C)

图 3－41　插接器 G21（A）、G21（B）、G21（C）

按下一键起动开关（断开点火开关），此时不受一键起动开关控制的"常电"依然有电，检查 G21（A）–20 与车身之间的电压，应为 11～14V。

按下一键起动开关（打开点火开关），此时受一键起动开关控制的"IG 电"应该有电，检查 G21（A）–1 与车身之间的电压，应为 11～14V。

### 3. 检查线束的连接情况

如果上述电压检查结果异常，在断电的情况下，检查 G21（A）–1 与前舱配电盒 F1/10 熔断器，G21（A）–20 与仪表板配电盒 F2/38 熔断器及 G21（A）–22 与车身地之间的阻值，应小于 1Ω。若异常，则更换或维修线束。

## 三、车外温度传感器的检测

车外温度传感器出现故障后，会出现类似故障码，如 B2A2213——车外温度传感器断路、B2A2311——车外温度传感器短路。

### 1. 检查车外温度传感器的电阻

拆卸前保险杠，断开车外温度传感器插接器 B12，用一字螺丝刀将车外温度传感器拆下。车外温度传感器电路如图 3－42 所示。拆下

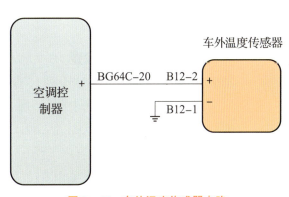

图 3－42　车外温度传感器电路

车外温度传感器插接器 B12。按照表 3－1 测量 B12－1 与 B12－2 之间的阻值。若异常，则更换车外温度传感器。

表 3－1　车外温度传感器电阻标准值

| 序号 | 检测端子 | 条件 | 下限值 /kΩ | 上限值 /kΩ |
| --- | --- | --- | --- | --- |
| 1 | | −25℃ | 126.4 | 134.7 |
| 2 | | −10℃ | 54.60 | 57.65 |
| 3 | | 0℃ | 32.25 | 33.69 |
| 4 | 1—2 | 10℃ | 19.68 | 20.35 |
| 5 | | 20℃ | 12.37 | 12.67 |
| 6 | | 30℃ | 7.95 | 8.14 |
| 7 | | 50℃ | 3.51 | 3.66 |

### 2. 检查线束

按下一键起动开关，在断电的情况下，断开车外温度传感器插接器 B12，断开空调控制器插接器 BG64C。检查 B12－2 与 BG64C－20 及 B12－1 与车身地之间的阻值，均应小于 1Ω；检查 B12－1 和 B12－2 之间的阻值，应大于 10kΩ。若异常，则更换或维修线束。

## 四、空调压力开关和空调压力传感器的检测

空调压力开关故障会引起空调无法运行，可以使用以下方法测试。开启空调制冷模式，让鼓风机正常运转，在运行 2min 后，发现出风口温度没有变化。打开前机舱盖，发现散热电扇不运转。用手触摸空调低压管，低压管温度没有变化。再用手触摸电动压缩机外壳，发现电动压缩机没有振动的感觉，电动压缩机没有起动。

### 1. 空调压力开关的外观检查

首先检查空调压力开关的外观，查看是否有外部损坏，如有无变形、开裂、破损等。如果有任何外部损坏，那么空调压力开关就不能正常工作，必须更换。检查其线束插接器（见图 3－43）是否正常，连线是否正常。

### 2. 检查熔断器

比亚迪秦 EV 空调压力开关电路如图 3－44 所示。用万用表检查前舱配电盒 F1/8 熔断器的通断，若异常，则更换熔断器。

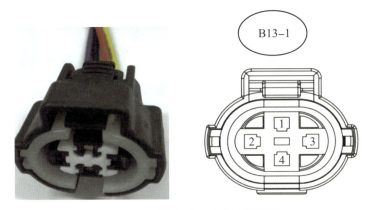

图 3 – 43 空调压力开关线束插接器

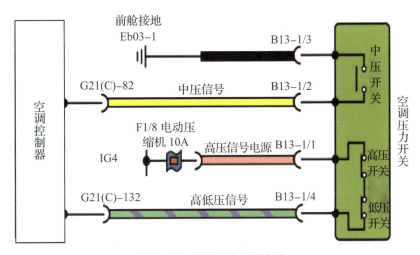

图 3 – 44 空调压力开关电路

### 3. 测量空调压力开关的电源电压值

（1）检查 F1/8 熔断器的电压值，应为 12V 左右。

（2）测量 B13-1/1 端子对地电压，实测值应为 12V 左右，否则应检测 B13-1/1 端子至 F1/8 熔断器之间线路的导通性。

（3）将一键起动开关置于"ON"挡，打开空调。测量 B13-1/4 的电压值，应为 12V 左右。从空调控制器 G21（C）-132 端子后端引线位置测量对地电压，实测值应为 12V 左右。否则应关闭电源后，检测 G2I（C）-132 至 B13-1/4 之间线路的导通性。

（4）连接歧管压力表，在压力高于 1.52MPa 时，中压开关接通，观察冷凝器应运转，测量 B13-1/2 的电压值，应为 0V。当空调高压压力低于 1.25MPa 时，中压开关断开，观察冷凝器应停止运转，测量 B13-1/2 的电压值，应为 12V。

#### 4. 空调压力传感器的检查

空调压力传感器的检查方法和其他传感器类似，都需要检查线束是否断路和短路，电源和搭铁线是否正常等；不同的是，可以改变空调制冷的需求，如降低温度设置，观察空调压力传感器压力信号的变化是否正常。

### 五、鼓风机的检测

当空调的鼓风机出现故障时，会出现 B2A3214（前排鼓风机对地短路或开路）、B2A3314（前排鼓风机调整信号对地短路或开路）等故障码。比亚迪秦 EV 鼓风机电路如图 3-45 所示。空调控制器发送鼓风机调速信号给鼓风机调速模块，进而控制鼓风机转速。

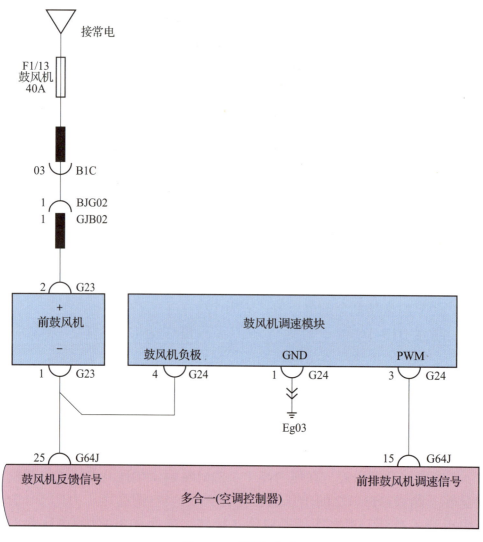

图 3-45　鼓风机电路

### 1. 检查熔断器

用万用表检查前舱配电盒内的前鼓风机熔断器 F1/13 是否导通，电压是否正常。若异常，则更换熔断器。

### 2. 检查鼓风机供电端子电压

将一键起动开关置于"OFF"挡，断开鼓风机插接器 G23。上"ON"挡电，打开空调，风量调节至 7 挡，用万用表测量插接器 G23-2 端子对地电压，正常值应为 11 ～ 14V。

### 3. 检查鼓风机反馈信号端子电压

连接好鼓风机插接器，从插接器 G23-1 端子后端引线，测量 G23-1 端子对地电压，正常值应为 0.36 ～ 1.24V。

### 4. 检查鼓风机

断开鼓风机插接器 G23，给 G23 两端子通蓄电池电压，检查鼓风机是否运转正常，若不能正常运转，则更换鼓风机。

### 5. 检查线束

（1）将一键起动开关置于"OFF"挡，断开鼓风机插接器 G23、鼓风机调速模块插接器 G24、"多合一"插接器 G64J。

（2）测量 G24-4—G23-1、G24-4—G64J-25、G24-1—车身地、G24-3—G64J-15 及 B1C-03—G23-2 各线束的阻值，应小于 1Ω。

（3）若异常，则更换或维修线束。

### 6. 检查鼓风机调速信号

打开鼓风机，从低到高调节风量，测量鼓风机调速模块插接器 G24-3 端子对地电压，正常电压值应从 1.9V 到 2.3V 变化。若异常，则更换空调控制器。

## 六、电子膨胀阀的检测

电子膨胀阀在通电前，阀针处于全闭状态，通电后电子膨胀阀不动作会引起空调不制冷，可以按如下方法进行测试。打开点火开关，高压正常上电，仪表板的 OK 灯点亮，车外温度显示正常，启用空调制冷系统，鼓风机正常运转，出风口温度没有变化。

### 1. 检查熔断器

电子膨胀阀电路如图 3-46 所示。电子膨胀阀由前舱配电盒 F1/8 供电。用万用表检查前舱配电盒内的电动压缩机熔断器 F1/8 是否导通，电压是否为 12V 左右，若异常，则更换熔断器。

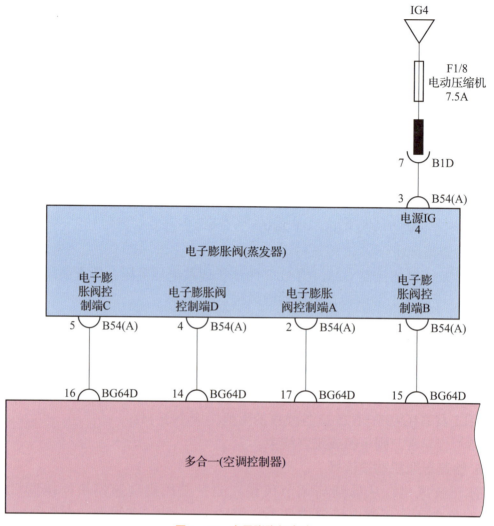

图 3-46　电子膨胀阀电路

**2. 检查电子膨胀阀的供电电压**

将一键起动开关置于"OFF"挡，断开 B54（A）。将一键起动开关置于"ON"挡，测量 B54（A）-3 的电压，应为 12 左右。否则检查 B54（A）-3 和熔断器 F1/18 之间的线束。

**3. 检查电子膨胀阀本体**

接通电源让空调系统工作，再关闭空调时，应能听到电子膨胀阀的复位声。电子膨胀阀及其插接器如图 3-47 所示。分别检查电子膨胀阀插接器 B54（A）-3 和 B54（A）-1、B54（A）-2、B54（A）-4、B54（A）-5 之间的阻值，应基本相等。

**4. 检查电子膨胀阀和空调控制器之间的线束**

将一键起动开关置于"OFF"挡，断开电子膨胀阀插接器 B54（A）和空调控制器插接器 G21（A），测量线束插接器各端子间的电阻，阻值应小于 1Ω。若异常，则更换或维修线束。若正常，则进一步检测空调控制器。

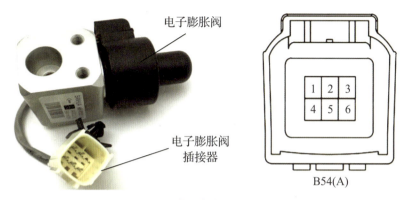

图 3-47 电子膨胀阀及其插接器

## 任务三 空调暖风系统的工作原理和检修

### 案例导入

一辆比亚迪秦 EV 的车主反映，想开暖风吹脚，但出风口出风不够热。作为一名新能源汽车维修技术人员，请你对客户的车辆进行检查，并诊断排除空调暖风系统故障。

### 知识介绍

#### 一、空调暖风系统的组成

空调暖风系统将冷空气送入热交换器，吸收某种热源的热量，提高空气的温度，并将热空气送入车内。空调暖风系统的作用如下：与蒸发器一起将空气调节到使人感到舒适的温度；在寒冷的冬季向车内供暖，提高车内空气的温度；当车窗结霜，影响驾驶员和乘客的视线，不利于行车安全时，可吹出热风除霜。

空调暖风系统主要由 PTC 加热器、暖风水泵、暖风芯体、鼓风机、四通水阀和空调供暖管路等组成，如图 3-48 所示。

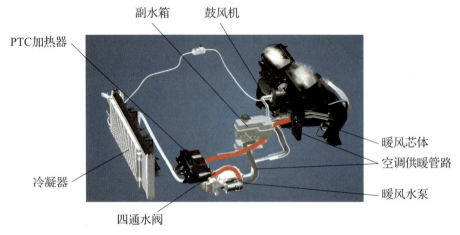

图 3 - 48　空调暖风系统的组成

### 1. PTC 加热器

新能源汽车常用的 PTC 加热器主要有 PTC 陶瓷加热器、PTC 风扇加热器和 PTC 液体加热器三种类型，它们都具有加热均匀、响应速度快、安全可靠等特点，可以为新能源汽车提供良好的加热效果。

（1）PTC 陶瓷加热器。PTC 陶瓷加热器是一种常见的新能源汽车加热器，它采用 PTC（正温度系数）陶瓷材料作为加热元件，当电流通过 PTC 陶瓷时，其电阻值会随温度的升高而增大，从而自动调节加热功率。PTC 陶瓷加热器具有加热均匀、响应速度快、安全可靠等特点。

（2）PTC 风扇加热器。PTC 风扇加热器在 PTC 陶瓷加热器的基础上增加了风扇，通过风扇将加热器产生的热风吹入车内，实现快速加热。PTC 风扇加热器具有加热迅速、加热均匀、节能环保等特点。

（3）PTC 液体加热器。PTC 液体加热器是将 PTC 陶瓷加热器与液体循环系统相结合的一种加热器。它通过对冷却液进行加热，然后将加热后的冷却液供给暖风芯体，由暖风芯体加热空气后循环送入车内，实现车内的加热。常用的为 PTC 水加热器，PTC 水加热器自带冷却液温度传感器、高压互锁装置、IGBT 温度传感器、电压采集传感器、电流采集传感器及对应的自动保护程序，安装位置如图 3 - 49 所示。

### 2. 暖风水泵

暖风水泵安装于充配电总成下面的横梁上，与空调供暖管路相连。其主要由叶轮、泵壳、电机和轴承等部件组成，如图 3 - 50 所示。工作原理是通过电机驱动叶轮高速旋转产生离心力，将流体从出水口排出，通过管路输送到相应的设备或容器中。

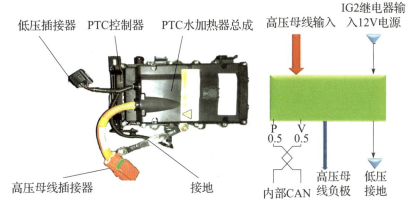

图 3 - 49　PTC 水加热器

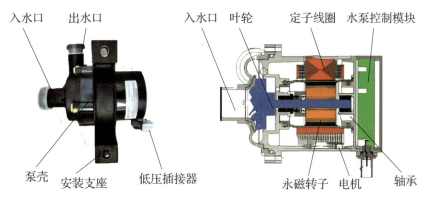

图 3 - 50　暖风水泵结构

### 3. 暖风芯体

暖风芯体是一种换热器，用于将经过 PTC 加热器加热的冷却液的热量传递给由空调鼓风机吹入车内的空气，从而为车内乘客提供舒适的环境。它通常由一组散热片组成，散热片之间有一定的间隙，以增加换热面积。当冷却液流经暖风芯体时，热量通过散热片传递给空气，从而提高空气的温度，其工作原理如图 3 - 51 所示。

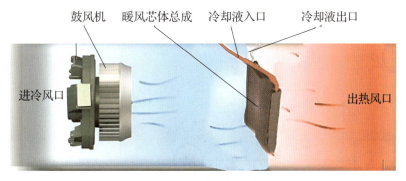

图 3 - 51　暖风芯体的工作原理

暖风芯体的工作效率和效果受到多种因素的影响，如冷却液的温度、流量，空气的温度、流量，以及暖风芯体的设计和安装等。

### 4. 四通水阀

四通水阀安装于机舱内，由塑料材料制成，具有较高的耐温性能和耐腐蚀性。四通水阀由阀体、阀芯、驱动机构总成和橡胶密封圈等组成，具有四个通道。如图 3-52 所示，四通水阀驱动机构一般采用步进电机，电机控制模块接收控制指令后可以精确控制阀芯的转动角度，实现空调暖风系统和动力电池热管理系统的水流切换和温度的调节。

图 3-52　四通水阀（比亚迪秦 EV）

## 二、空调暖风系统的工作原理

新能源汽车空调暖风系统通过 PTC 加热器将电能转化为热能，由风扇将车内的空气循环加热后排出，同时引入外界的新鲜空气进行加热，通过温度控制装置实现温度的调节，从而提供舒适的车内暖风。

比亚迪秦 EV 空调暖风系统工作原理示意图如图 3-53 所示。

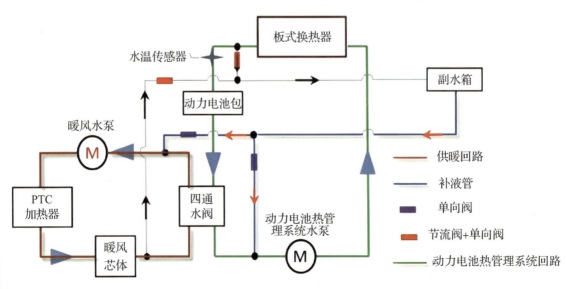

图 3-53　空调暖风系统工作原理示意图（比亚迪秦 EV）

PTC加热器作为加热元件，通过动力电池为其供电，由电子开关模块控制其通电发热，鼓风机和板式换热器实现暖风的输送及风向的改变。暖风热源采用PTC加热器，安全可靠，能自行调节驾驶室内温度。

## 三、空调通风系统

新能源汽车空调通风系统与传统汽车基本相似，主要由鼓风机、风门和出风口等组成。空气通过蒸发器和暖风芯体总成形成冷风或暖风，依靠空气循环风门、混合风门、空气分配风门、空气分配管道等，根据乘客需要将空气输送到指定出风口。空调通风系统工作原理示意图如图3-54所示。

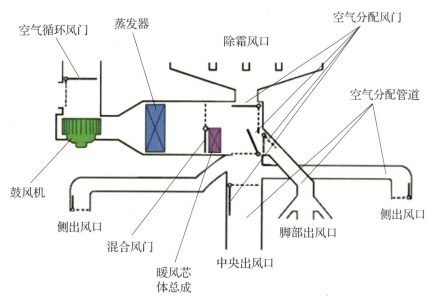

**图 3-54　空调通风系统工作原理示意图**

空调通风系统的控制过程如下：

（1）空气循环风门通过打开和关闭新鲜空气进气口和循环空气进气口来控制进气源。空调控制面板上的内外循环按钮控制伺服电动机驱动风门。

（2）混合风门通过调节暖风芯体的空气流，以控制空调箱总成中空气的温度。混合风门由混合风门伺服电动机控制。

（3）空气分配风门用于控制脚部位置、前风窗玻璃/前侧窗和面部出风口的空气流。这些风门控制从混合风门到出风口的流量，它们由在操纵机构和控制面板上的吹风模式按钮之间安装的模式伺服电动机控制。

（4）空气分配管道。仪表板上的两侧和面部出风口各有一个空气分配管道。前风窗玻璃的空气分配管道集成在仪表板中。仪表板中的出风口总成使乘客可以控制吹向面部的空气流量和方向。每个出风口总成都集成了用以调节流量和控制方向的可移动叶片。

## 🔧 任务实施

### 一、任务实施准备

微课

比亚迪秦 EV 空调暖风系统的工作原理和检修

（1）实训器材：纸质版或电子版比亚迪秦 EV 电气原理图、维修手册、实训车辆、万用表、解码器和套筒工具等。

（2）实训准备：在实训车辆内铺好脚垫、坐垫、转向盘护套等；在实训车辆外铺好翼子板防护布和前格栅防护布。

（3）安全教育：爱护车辆，不可以损伤漆面；不能使用万用表测量蓄电池电阻，不能使用万用表电流挡直接测量电池电流；正确使用万用表等测量仪器，不要恶意损坏。在维修空调高压部件或接线前，务必执行"高压解除"程序。

### 二、空调暖风系统排气

在维修空调暖风系统管路中的暖风水泵、PTC 加热器、空调箱体和动力总成等零部件后，需给发动机冷却系统加注适量规定的冷却液，且需按照如下操作步骤进行系统排气。

（1）整车上"OK"挡电，将挡位挂至 N 挡，切换至 HEV 模式中的 Sport 模式，起动发动机。

（2）打开空调，将空调温度设置到 HI，风量挡位建议设置为 4 挡。

（3）踩下加速踏板，按"5min 2500rad 左右发动机转速"→"1min 原地怠速"的周期进行排气。两次循环过后，在发动机怠速工况下，用手感受出风口的风温。

1）若风温出现明显的下降趋势，则继续按上述第（3）步的排气方法进行排气。

2）若风温没有明显的下降趋势，则切换至 EV 模式，再次用手感受出风口温度（感受时间不能太短，建议大于 3min），若风温无明显下降，则排气完成；若风温有明显下降，需再次切换至 HEV 模式按上述第（3）步进行排气。

（4）排气完成后，检测发动机冷却系统是否漏液。

（5）观察前舱发动机冷却液补液壶内的液位，若液位低于 MAX 线，则需要进行补液，让发动机冷却液补液壶中的液位接近 MAX 线。

## 三、PTC加热器总成的拆装

以下是比亚迪秦EV空调暖风系统PTC加热器总成的更换流程。此流程并不针对所有的车型，具体参照相应车型的维修手册。

### 1.PTC加热器总成拆卸

（1）将电源挡位退至"OFF"挡，打开维修开关。

（2）取出棘轮扳手、10mm套筒，断开低压蓄电池负极，并使用绝缘胶带缠绕负极柱，如图3－55所示。

图3－55　用绝缘胶带包裹低压蓄电池负极柱

> **素养微课堂**
>
> 夫学须静也，才须学也。非学无以广才，非志无以成学。

（3）放电完成后，使用一字螺丝刀松开高压母线互锁开关。拔下动力电池包高压母线（注意安全防护），如图3－56所示。

（a）用一字螺丝刀松开高压母线互锁开关　　（b）拔下动力电池包高压母线

图3－56　拆卸动力电池包高压母线

（4）使用万用表电压挡对高压母线插接器进行验电，如图3－57所示，测得结果小于1V为正常。

（5）使用绝缘胶带缠绕高压母线插接器，拔出充配电总成中PTC加热器高压母线插接器（注意高压母线插接器的锁止装置），并使用绝缘胶带缠绕，如图3－58所示。

（6）使用一字螺丝刀撬出前舱右侧饰板的4个卡扣，取下前舱右侧饰板。

图 3 – 57    使用万用表验电

图 3 – 58    拔下 PTC 加热器高压母线插接器

（7）将冷却液回收盘放置于车辆底部前舱冷却液水管下方，拧开冷却液膨胀壶盖。

（8）拔下低压插接器，使用配套工具拆下 PTC 加热器进 / 排水管，排空冷却液，如图 3 – 59 所示。

（9）待冷却液排空后，在管口安装堵头，使用抹布擦干洒落的冷却液。

（10）拔出 PTC 加热器低压插接器和水温传感器插接器，如图 3 – 60 所示。

PTC低压插接器                水温传感器插接器

图 3 – 59    拆卸 PTC 加热器进 / 排水管        图 3 – 60    拔出 PTC 加热器低压插接器和水温传感器插接器

（11）使用 10mm 套筒与棘轮扳手拆卸搭铁线，如图 3 – 61 所示。

（12）使用 13mm 套筒与棘轮扳手拆卸 PTC 加热器的 3 个固定螺母，取下

PTC 加热器总成。图 3 – 62 所示为拆下的 PTC 加热器总成。

图 3 – 61 拆卸搭铁线

图 3 – 62 拆下的 PTC 加热器总成

### 2. 安装 PTC 加热器总成

按拆卸相反顺序进行安装，安装完后加注冷却液至 MAX 线，如图 3 – 63 所示，拧紧冷却液膨胀壶盖。取下蓄电池负极绝缘胶带，使用棘轮扳手、10mm 套筒安装蓄电池负极并紧固。车辆上电，按照空调暖风系统排气流程进行管路排空，利用解码仪查看空调暖风运行情况。开空调暖风运行一段时间，检查空调制暖是否正常。

图 3 – 63 加注冷却液

## 四、PTC 加热器的检查

### 1. 电路图分析

比亚迪秦 EV 空调暖风系统 PTC 加热器电路图如图 3 – 64 所示。IG4 电源经前舱配电盒的 F1/10 熔断器到 B1C–21 向 GB34–1 供电，GB34–2 接地。PTC 加热器通过 GB34–4 和 GB34–5 向舒适网 2 的 CAN 总线与各个相关模块进行信号传输。空调控制器通过舒适网 2 的 CAN 总线控制 PTC 加热器工作，PTC 加热器是空调暖风系统的热源，也是动力电池热管理系统的热源。

### 2. 检查 PTC 加热器低压电源电路

断开 PTC 加热器低压插接器 GB34，将一键起动开关置于"ON"挡或打开点火开关，打开空调暖风开关。将万用表调到直流电压挡，检查 GB34–1 和

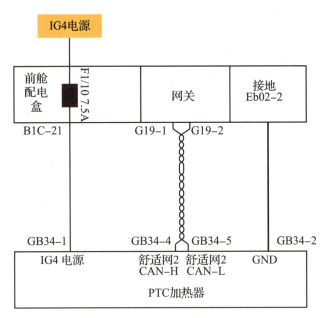

图 3 – 64　比亚迪秦 EV 空调暖风系统 PTC 加热器电路图

车身之间的阻值，应为 12V 左右，否则检查 F1/10 熔断器及相关线束。检查 GB34–2 和车身之间的阻值，应小于 1Ω。

### 3. 检查 PTC 加热器线束和 CAN 总线

关闭整车电源，断开 PTC 加热器低压插接器 GB34，断开网关控制器插接器 G19。将万用表调到欧姆挡（Ω），端对端检查各线束的连接情况，测量值应符合表 3 – 2 中所列标准。按前面所述方法，检查 CAN 总线。

表 3 – 2　电阻检测标准值

| 序号 | 检测项目 | 检测位置 | 正常情况 |
| --- | --- | --- | --- |
| 1 | 连接导线短路检查 | GB34–1—F1/10 | 无穷大 |
| 2 | 连接导线断路检查 | GB34–2—车身地 | 小于 1Ω |
| 3 | | GB34–4—G19–1 | 小于 1Ω |
| 4 | | GB34–5—G19–2 | 小于 1Ω |

## 五、风门（混合风门）电机控制线路的检查

### 1. 电路图分析

风门电机用于控制出风口的模式，比亚迪秦 EV 风门电机控制电路如图 3 – 65 所示。当风门电机反馈信号线路断路时，将导致空调控制器无法准确识别风门翻板位置，进而无法控制执行器运转，因此开启空调暖风模式后，出风口温度没有变化。

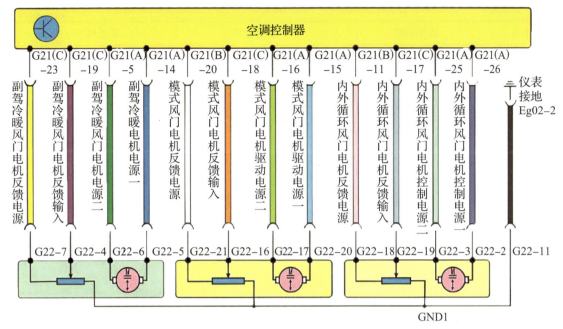

图 3 - 65　风门电机控制电路图

### 2. 检查风门电机运行情况

关闭整车电源，断开箱体插接器 G22，不拆下电机，按表 3 - 3 要求，测试风门电机运行情况。若测试结果为正常，则检查控制线路；若测试结果为异常，则更换风门电机。

表 3 - 3　风门电机运行情况检查

| 序号 | 操作内容 | 正常情况 |
| --- | --- | --- |
| 1 | G22-6—蓄电池正极<br>G22-5—蓄电池负极 | 风门电机应当运行自如，并在吹面通风处停止 |
| 2 | G22-5—蓄电池正极<br>G22-6—蓄电池负极 | 倒装接头，风门电机应当运转平稳，并在前除霜处停止 |

### 3. 控制线路检测

检测风门电机控制线路的信号电压及导线电阻，具体操作步骤如下：

（1）风门电机线束电阻检查。关闭整车电源，断开空调控制器插接器 G21（A）、G21（C），断开箱体插接器 G22。将万用表调到欧姆挡（Ω），按表 3 - 4 所列检测位置测量线束电阻值，并将检测数据记录在测量记录表中。若测试结果均为正常，则检查插接器 G21 各端子输出电压值；若测试结果为异常，则更换线束。

表 3-4　电阻检测

| 序号 | 检测项目 | 检测位置 | 正常情况 |
|---|---|---|---|
| 1 | | G22-7—G21（C）-23 | 小于 1Ω |
| 2 | | G22-4—G21（C）-19 | 小于 1Ω |
| 3 | 连接导线断路检查 | G22-6—G21（A）-5 | 小于 1Ω |
| 4 | | G22-5—G21（A）-14 | 小于 1Ω |
| 5 | | G22-11—车身地 | 小于 1Ω |
| 6 | | G21（C）-23—车身地 | 大于 10kΩ |
| 7 | 检查线束是否对地短路 | G21（C）-19—车身地 | 大于 10kΩ |
| 8 | | G21（A）-5—车身地 | 大于 10kΩ |
| 9 | | G21（A）-14—车身地 | 大于 10kΩ |

（2）空调控制器插接器端子输出电压检查。将一键起动开关置于"ON"挡，断开空调控制器插接器 G21（A）、G21（C），并从后端引线，打开空调。将万用表调到直流电压挡，按表 3-5 所列检测位置和条件，测量端子输出电压值，并将检测数据记录在测量记录表中。若测试结果均为正常，则表示模式风门电机、连接线束与空调控制器无故障；若测试结果为异常，则更换空调控制器。

表 3-5　电压检测

| 序号 | 检测位置 | 条件 | 正常情况 |
|---|---|---|---|
| 1 | G21（C）/19—车身地 | 开空调 | 约 5V |
| 2 | | 开启吹面模式 | 约 0.2V |
| 3 | G21（C）/23—车身地 | 开启吹脚除霜模式 | 约 3.1V |
| 4 | | 开启吹面吹脚模式 | 约 1.1V |
| 5 | | 开启吹脚模式 | 约 2.5V |
| 6 | G21（A）/5—G21（A）/14 | 调节出风模式 | 11～14V |

## 项目小结

本项目主要介绍了新能源汽车空调制冷系统和暖风系统常见元件的检查。通过本项目的学习，学生应掌握空调制冷系统和暖风系统的组成、空调控制器的结构和安装位置、空调制冷系统的工作原理；能够识读和分析新能源汽车空调系统电路图；能独立或合作完成空调制冷系统的故障诊断与维修。

項目四

# 车身辅助电气系统的工作原理和检修

学习目标

**知识目标**：1. 掌握电动车窗、刮水器、电动后视镜、中控门锁、电动座椅和安全气囊等车身辅助电气系统的组成。

2. 掌握电动车窗、刮水器、电动后视镜、中控门锁、电动座椅和安全气囊等车身辅助电气系统的结构和安装位置。

3. 掌握电动车窗、刮水器、电动后视镜、中控门锁、电动座椅和安全气囊等车身辅助电气系统的工作原理。

**能力目标**：1. 能正确操控电动车窗、刮水器、电动后视镜、中控门锁、电动座椅等车身辅助电气系统。

2. 能够识读电动车窗、刮水器、电动后视镜、中控门锁、电动座椅和安全气囊等车身辅助电气系统的电路图。

3. 能完成对电动车窗、刮水器、电动后视镜、中控门锁、电动座椅和安全气囊等车身辅助电气系统的检修和更换。

**素养目标**：1. 培养工作中的安全意识。

2. 培养工作中的职业规范素养和精益求精的工作作风。

3. 立足课程教学内容，培养文化认同，增强民族汽车文化自信。

## 建议学时

36 个学时。

## 项目情境

小王接手了一台比亚迪秦轿车，该车属于学校学生实习用车，故障比较多，需要检查电动车窗、刮水器、电动后视镜等。

## 任务一 电动车窗的工作原理和检修

### 案例导入

王先生开着比亚迪秦纯电动轿车上班，同事李先生坐在副驾驶位置。路上感觉有点闷热，同事李先生想打开车窗通风透气，于是按下右侧车窗开关，发现右侧车窗无法下降。现在需要你对其进行检查和维修。

### 知识介绍

#### 一、电动车窗的功能

电动车窗开关包括主控开关和分控开关。电动车窗能保证驾驶员在驾驶座位上操作主控开关（见图 4-1），实现全部车窗玻璃升降。非驾驶位也有一个车窗开关，方便乘客控制自己附近车窗玻璃的升降，如图 4-2 所示的右后车窗开关。电动车窗闭锁开关位于驾驶员侧前门饰板上，有禁用所有乘客或后排乘客升降车窗玻璃的功能。自动降窗（AUTO）功能可以使驾驶员侧车窗自动降到底，操作时将驾驶员侧车窗开关按压到底，则开始自动降窗，再次沿任意方向按下开关，车窗停止运动，并且取消自动降窗动作。

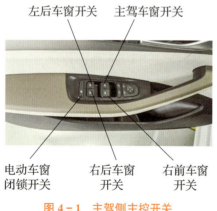

图 4-1 主驾侧主控开关          图 4-2 右后车窗开关

电动车窗系统的某些功能和特性依赖于其电子模块的控制，这些电子模块集成于左前车窗开关组件内。电动车窗具备以下功能。

### 1. 延时功能

关闭前门，车辆电源挡位从"ON"挡退电至"OFF"挡后的 10min 内，车窗开关仍可以工作，开关背光灯点亮，可控制车门玻璃升降。一旦有任意前门打开，则延时功能失效。

### 2. 遥控玻璃升降功能

（1）电源挡位退至"OFF"挡后，长时间按下遥控钥匙（见图 4-3）上的"解锁"按钮，四门车窗玻璃会自动下降；松开遥控钥匙按钮则车窗玻璃停止下降。

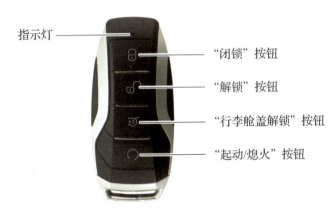

指示灯

"闭锁"按钮

"解锁"按钮

"行李舱盖解锁"按钮

"起动/熄火"按钮

图 4-3 遥控钥匙

（2）电源挡位退至"OFF"挡后，长时间按下遥控钥匙上的"闭锁"按钮，四门车窗玻璃会自动上升；松开遥控钥匙按钮则车窗玻璃停止上升。

### 3. 防夹功能

若车窗玻璃在上升过程中，有人或物体被夹住，则车窗玻璃会停止上升并自动向下降落一定距离。车窗防夹功能通常需要在以下条件下才能起作用：在一键升窗或遥控一键升窗时；在防夹区域内；阻力超过一定数值。

## 二、电动车窗的组成

电动车窗由车窗、玻璃升降器、电机、继电器、开关等装置组成。其中电机、玻璃升降器是电动车窗的主要部件，电机和玻璃升降器的位置如图 4-4 所示。

### 1. 电机

电动车窗一般使用双向永磁或绕线电机，结构如图 4-5 所示。每个车窗均安装有一台电机，通过开关控制其电流方向，从而实现车窗玻璃的升降。目前市场上使用较多的车窗电机有以下优点。

图 4-4　电动车窗电机和玻璃升降器位置　　　　图 4-5　车窗电机

（1）应用最新的工艺、技术和材料，如在防水方面，采用全密封设计，并且使用透气膜技术。

（2）在电机过热保护方面采用聚合物 PTC 过流保护器，能更迅速有效地保护电机不因外部故障（如开关故障）而烧毁。

（3）在电机噪声处理方面，电机旋转轴上采用特殊设计，采用高耐磨减振材料，保证电机在高速旋转时不会产生金属冲击及摩擦噪声。

（4）在电机电源接线方面，直接采用端子接口，去掉电源引线，避免引线带来的接触不良等故障问题。

（5）电机采用直流双极永磁结构，双向旋转，内部安置了过热保护装置，无须设置外部电路保护。

当给电机通电以后，由于磁场力的作用，电机作旋转运动，再通过一个较大的蜗轮蜗杆减速机构减速（见图 4-6），在输出齿轮上获得低速大扭矩，当电机卡死或电路出现故障时，过热保护装置能及时将电源切断，保护电机。

### 2. 玻璃升降器

玻璃升降器是电动车窗的重要部件，作用是减速增扭、实现运动形式的转换及传递动力。玻璃升降器的结构如图 4-7 所示。车窗玻璃安装在玻璃卡座上，滑动支架被固定在车门框架上，电机通电后产生扭矩，该扭矩通过减速器增大扭力后带动拉索及玻璃卡座在滑动支架上向上或向下滑动。

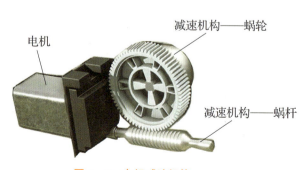

图 4-6　电机减速机构

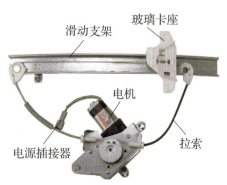

图 4-7　玻璃升降器的结构

当车窗上升到顶部、下降到底部或被异物卡住时，如果电机继续通电会使电枢转子发热烧毁，为了避免发生这种情况，一般在车窗电机的电枢电路中串联有过热保护装置，如图4-8所示。当电枢转子被卡住且继续通电使过热保护装置的发热量达到一定值时，过热保护装置中的开关就断开，切断电枢转子中的电流，使车窗电机停止工作，避免电枢转子发热烧毁。待车窗电机断电一段时间后，过热保护装置冷却其开关又恢复闭合，使车窗电机又可通电工作。

过热保护装置　电机

图4-8　过热保护装置

## 三、电动车窗的工作原理

电动车窗系统通过操作车门内饰板上的开关来使车窗升降，驾驶员可以通过左前车门内饰板上的主控开关来操作各车窗的开关。

当发动机处于工作状态或一键起动开关置于"ON"挡时，左前玻璃升降器开关（简称左前车窗开关）能控制左前、右前、左后、右后车窗玻璃的升降，左前车窗玻璃的升降分为四挡：①停止挡；②上升挡Ⅰ；③下降挡Ⅰ；④下降挡Ⅱ（AUTO）。电动车窗的工作原理如图4-9所示。电动车窗采用双向电机，通过开关控制通过电机的电流方向，从而控制玻璃的升降。

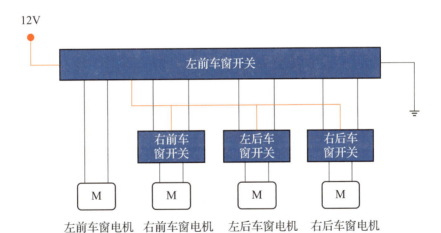

图4-9　电动车窗的工作原理

比亚迪秦EV电动车窗电源供电电路如图4-10所示。左前车窗（主驾位置）和右前车窗、左后车窗、右后车窗的电源供电电路不同。右前车窗、左后车窗、右后车窗三个车窗的电源由仪表板配电盒内K2-4电动车窗继电器给右前车窗F2/32熔断器、左后车窗F2/33熔断器和右后车窗F2/34熔断器供电（图中未画出）。K2-4电动车窗继电器由集成的"多合一"控制器或左前玻璃升降器开关（集成了车窗控制模块）控制搭铁。非防夹左前车窗由 K2-1 继电器控制 F2/27 熔断器供电，防夹左前车窗由 K2-1 继电器控制 F2/42 熔断器供电。

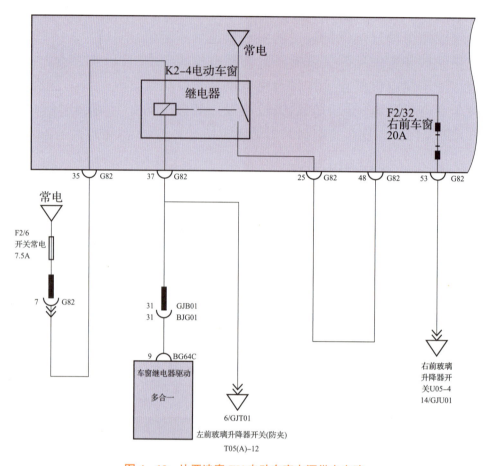

图 4-10　比亚迪秦 EV 电动车窗电源供电电路

　　左前车窗的控制电路分为防夹和非防夹两种。该电路主要包括玻璃升降器开关、车窗控制模块（集成在玻璃升降器开关内部）、车窗控制模块电源搭铁通信电路、车窗控制模块控制其他车窗电路、电机等。非防夹电机线路比较简单，只有两条连接线连接左前玻璃升降器开关（防夹），左前玻璃升降器开关（防夹）内部集成了车窗控制模块，可以控制电机的正反转。

　　左前车窗防夹电机电路如图 4-11 所示。该电机内部有防夹模块，电机上有五条连接线，分别连接电源、搭铁、开关 DOWN、开关 UP、LIN 通信线。防夹电机防夹模块可以检测电机电流大小，当电机过载时，电机工作电流将会增大，当防夹模块检测到电机电流增大时，防夹模块控制电机停止上行并下行一定的行程。电动车窗引入 LIN 通信线，与整车控制器的紧密通信可以方便地对系统进行诊断、配置及扩展。

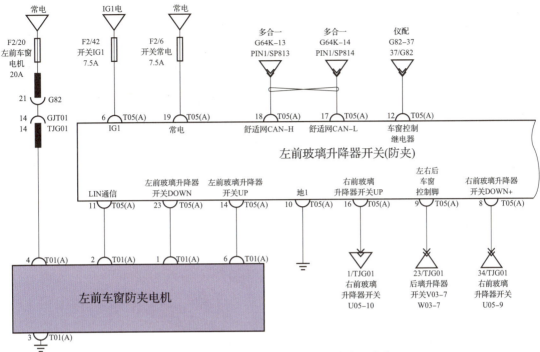

图 4－11　比亚迪秦 EV 左前车窗防夹电机电路

右前玻璃升降器开关电路如图 4－12 所示。这种开关内部结构比较简单，但开关需要承受较大的电流，容易烧蚀。开关总成内部有两个开关，每个开关分别有两组触点，不按动开关时，驾驶员可以通过驾驶侧主控开关控制右前车窗上升或下降。开关总成上有电源开关，抬起或按下时，电源通过开关给电机提供电流，电流经电机另一条线、右前玻璃升降器开关、左前车窗主控开关回到电源负极。

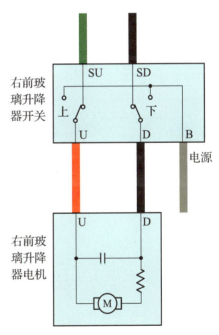

图 4－12　右前玻璃升降器开关电路

## 四、电动天窗的工作原理

汽车天窗安装于车顶，能够有效地使车内空气流通，增加新鲜空气的进入。汽车天窗也可以起到开阔视野、降温和除雾的作用。大部分轿车采用内藏式天窗，内藏式天窗是指滑动总成置于内饰和车顶之间的天窗。

电动天窗（见图 4－13）主要由天窗玻璃、滑动机构、驱动机构、控制系统和开关等组成。电动天窗的驱动机构主要包括电机、传动机构和滑动螺杆等。电机是天窗的动力来源，通过将电能转化为机械能来驱动天窗的运动，改变电流的方向来改变旋转方向，从而实现天窗的开闭。滑动机构将电机产生的旋转力转换成线性运动，并传递给窗户上的滑轨和推杆。控制系统负责接收驾驶员的操作信号并转化为相应的控制电压，以控制电机的运转。控制系统还会监测天窗位置和状态，以确保天窗可以根据指令准确地打开或关闭。

驱动机构——电机 滑动机构——滑轨 天窗玻璃

图 4 - 13　汽车电动天窗的结构

汽车电动天窗电路如图 4 - 14 所示。该电路中主要包括天窗开关和天窗电机，F2/44 车内灯 IG1 7.5A 熔断器给天窗开关和天窗电机提供电源，天窗开关给集成天窗电机的天窗电控单元提供开、关、上倾、下倾信号，天窗电控单元控制天窗电机实现开、关、上下倾斜动作。

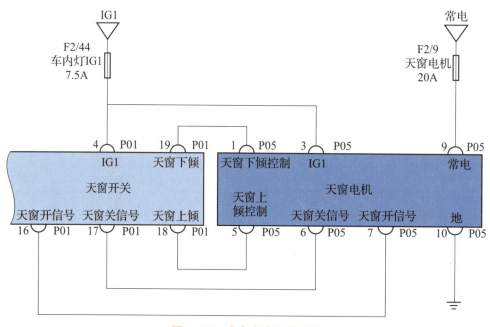

图 4 - 14　汽车电动天窗电路

## 🚗 任务实施

### 一、拆装及检修电动车窗和电动天窗的安全注意事项

在进行电动车窗和电动天窗检查维修作业前，需查阅维修手册和用户手

册，其中有相关的提示和警告，操作过程中一定要严格遵守操作规程。

**1. 关于电动车窗的安全提示**

（1）不要故意夹住手指或身体的某部位来测试电动车窗防夹功能。

（2）如果车窗即将完全关闭时有物体被夹住，则防夹功能可能不起作用。

（3）可以通过"智能语音助手"控制具有防夹功能的车窗的开启和关闭。

（4）关闭电动车窗时，不要将手放在车窗玻璃上方，避免夹住手或手指。

**2. 关于电动天窗的安全提示**

（1）车辆行驶中，请勿将头、手或身体的任何部位伸出天窗外，如图 4-15 所示，否则将可能造成严重的伤害。

（2）如果试图在 0℃ 以下的环境中，或者被冰雪覆盖时打开天窗，则可能会损坏天窗或电机。

图 4-15　不要将头伸出天窗外

**3. 拆装玻璃升降器的注意事项**

比亚迪秦 EV 玻璃升降器总成安装在车门内。当玻璃无法升降时，需检查和维修车窗，进行玻璃升降器的拆装检修，拆卸右前玻璃升降器时需要注意以下事项。

（1）为了防止损坏控制模块，拆卸前断开低压蓄电池负极。

（2）拆卸左前和右前玻璃升降器开关时，使用塑料撬板，拆开扶手上座，断开内部的插接器，拿下扶手上座，如图 4-16 所示。不要用力拉扯，防止损坏插接器。

（3）车门内饰板固定螺钉位置比较隐蔽，需要仔细观察或查找维修手册。拆卸左前门拉手如图 4-17 所示。

图 4-16　拿下扶手上座

图 4-17　拆卸左前车门拉手

（4）按拆卸相反的顺序安装玻璃升降器，安装好后，连接蓄电池负极，操控车窗开关，车窗玻璃应正常升降。

## 二、操控电动车窗和电动天窗的方法

### 1. 左前车窗一键升降的操控方法

如图 4-18 所示，左前车窗开关有两个挡位，2 挡位置比 1 挡位置的行程稍长一些。按下左前车窗开关至 1 挡位置并保持（不具有防夹功能的车型直接按下车窗开关并保持），车窗下降，松开后车窗停止下降；拉起车窗开关至 1 挡位置并保持（不具有防夹功能的车型直接拉起车窗开关并保持），车窗上升，松开后车窗停止上升。

**图 4-18　车窗开关控制位置**

在自动升降时，按下车窗开关至 2 挡位置后松开，车窗自动下降；拉起车窗开关至 2 挡位置后松开，车窗自动上升。

### 2. 车窗防夹功能恢复的方法

要按规定使用车窗防夹功能，车窗连续两次升窗时遇到障碍物，防夹功能就会失效。断开蓄电池重新连接后，防夹功能也可能失效，需要重新设置。

拉起车窗开关至 1 挡位置并保持，使玻璃上升至最顶端，使其在最顶端位置堵转 400ms，此时车窗开关上的指示灯由闪烁变为点亮，表明初始化已完成。

### 3. 电动天窗的操控方法

整车电源挡位处于"OK"挡时，可以操控天窗。电动天窗有一键开闭功能和手动开闭功能。电动天窗开关如图 4-19 所示。使用一键开闭功能时，点按一下天窗开关 1 的位置，天窗关闭；点按一下天窗开关 2 的位置，天窗上倾通风；再点按一下天窗开关 2 的位置，天窗打开。使用电动天窗手动开闭功能时，长按天窗开关 1 的位置，天窗往关闭方向运行，松手后或到达关闭位置后停止；长按天窗开关 2 的位置，天窗往上倾通风方向运行，松手后或到达上倾通风位置后停止；继续长按天窗开关 2 的位置，天窗往打开方向运行，松手后或到达打开位置后停止。

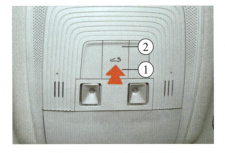

**图 4-19　电动天窗开关**

①—电动天窗开关关闭位置；②—电动天窗开关打开位置

## 三、电动天窗的保养方法

（1）用湿抹布擦拭天窗外侧密封条上和玻璃注塑边上的灰尘或者沙子，避免划伤密封条，导致天窗密封性能下降。

（2）经常清理两侧导轨及前水槽，避免灰尘、沙粒、树叶等杂物沉积，防止排水孔被这些杂物堵住，导致天窗排水不畅。

（3）洗车过程中，避免用高压水枪将水柱直接对准密封条，这样不仅容易使密封条在高压水枪的压力下变形甚至损坏，还容易引起车内进水。

（4）冬天时天窗容易被冻住，如果此时强行打开天窗，会损坏密封条或者天窗其他部件，应该热车一段时间，同时开启空调暖风系统，加快天窗上冰雪的融化速度，待车内达到一定温度后再尝试开启天窗。要把天窗上的残余水分擦干，避免天窗被冻住。

（5）在极为颠簸的道路上请勿完全打开天窗，否则可能因天窗和导轨之间振动太大而引起相关部件变形，甚至损坏电机。此外，下雨或清洗车辆时禁止开启天窗。

## 四、右前电动车窗故障的检修

### 1. 检修车窗控制模块

检查车窗主控开关，如果仅仅是不能控制右前车窗玻璃升降，故障可能不在车窗控制模块；如果主控开关不能控制所有的车窗升降，很有可能是车窗控制模块损坏，需要对车窗控制模块进行检修。

（1）检测车窗控制模块电源和搭铁端子电压。

查找实训车辆电路图，找到车窗控制模块电源和搭铁端子，如查找2021款比亚迪秦EV车窗控制模块电源和搭铁，IG1电源是T05（A）–6端子，常电是T05（A）–19端子，搭铁是T05（A）–10端子。将一键起动开关置于"OFF"挡，断开T05（A）插接器。上"ON"挡电时，分别测量车窗控制模块电源和搭铁端子电压，标准值见表4–1。如果测量值不在规定范围，应该检修电路。

表4–1　车窗控制模块电源和搭铁端子的检测

| 端子编号 | 端子的功能 | 测量条件 | 万用表挡位和量程 | 标准范围 |
|---|---|---|---|---|
| T05（A）–6 | IG1电源 | 上"ON"挡电 | 电压挡、20V或200V | 11～14V |
| T05（A）–19 | 常电 | 上"ON"挡电 | 电压挡、20V或200V | 11～14V |
| T05（A）–10 | 搭铁 | 上"ON"挡电 | 电压挡、20V或200V | 小于1V |
| T05（A）–10 | 搭铁 | 一键起动开关"OFF"挡 | 电阻挡、20Ω或200Ω | 小于1Ω |

（2）检查车窗控制模块通信功能。

断开蓄电池负极，断开电动车窗控制模块插接器 T05（A），电动车窗控制模块 CAN-H 端子为 T05（A）-18，CAN-L 端子为 T05（A）-17。断电后，拆下 T05（A），测量控制模块端子 T05（A）-18 和 T05（A）-17 之间的阻值，终端电阻值应为 120Ω 左右。如果阻值不在规定范围，则需要对车载网络系统进行检修。

连接 T05（A），上"ON"挡电，测量 CAN-H 端子 T05（A）-18 的电压，应为 2.5 ~ 3.5V；测量 CAN-L 端子 T05（A）-17 的电压，应为 1.5 ~ 2.5V。采用示波器测量 CAN-H 和 CAN-L 的波形，前者电压应比后者高 1V 左右。如果电压值不在规定范围，则需要对车载网络系统进行检修。

（3）检测车窗控制模块线束阻值。

在断电的情况下，断开 T05（A），分别检查车窗控制模块和左前车窗防夹电机、车窗继电器、各个车窗开关之间的线束；测量各个导线端子和端子之间的阻值，正常情况应小于 1Ω，否则维修或更换线束。

### 2. 检查右前车窗电路

比亚迪秦 EV 右前车窗电路如图 4-20 所示。右前玻璃升降器开关有两条电源线，一条为常电电源线，一条为受一键起动开关控制的 IG1 电源线；一条为 GND 搭铁线；两条背光正负极连接线，分别连接前配（前舱配电盒）和组合仪表；两条控制电机转动方向的连接线，DOWN 是指电机运行带动玻璃下降，UP 是指电机运行带动玻璃上升；两条连接左前玻璃升降器开关的控制线，驾驶员可以通过左前玻璃升降器开关控制该车窗玻璃升降。

（1）检查熔断器。

F2/6 和 F2/32 熔断器位于仪表板配电盒内，仪表板配电盒位于驾驶室内主驾驶位置前侧，通过熔断器标贴，可以确定熔断器与电气元件的对应关系。将一键起动开关置于"ON"挡，检查 F2/6、F2/32 熔断器两个检测点的电压值，应为 12V 左右；如果两端电压都是 0V 左右，说明供电有故障，需要进一步检修；如果一端电压值为 0V，另一端电压值为 12V 左右，说明该熔断器可能熔断。拆卸该熔断器，目测是否熔断或用万用表表笔搭接在该熔断器的两端，测量熔断器阻值应小于 1Ω，如果为 ∞，说明该熔断器熔断。

（2）检查车窗开关和插接器。

断开左前车窗开关插接器 U05（见图 4-21），检查线束端电压。测量 U05-4、U05-7 与车身之间的电压，应为 12V 左右；测量 U05-1 与车身之间的电阻，应为 0Ω 左右，否则根据电路进一步检查线路故障。

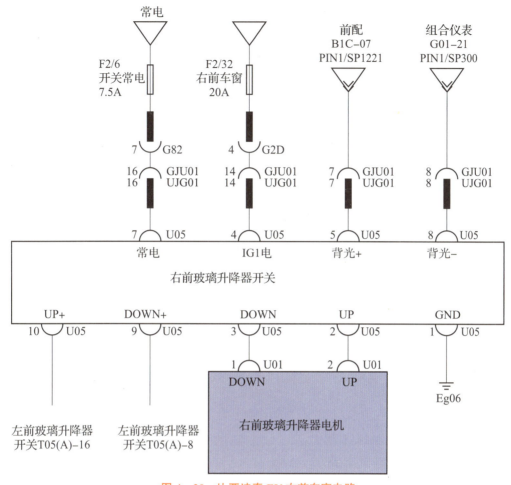

图 4 - 20　比亚迪秦 EV 右前车窗电路

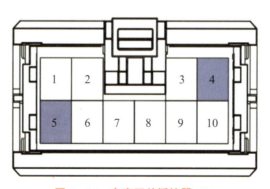

图 4 - 21　车窗开关插接器 U05

　　比亚迪秦 EV 车窗开关内部工作原理如图 4 - 22 所示。例如，按下主控开关上的右前车窗开关时，DN+ 有 12V 左右的电源，开关内部左继电器吸合，开关上的电源经过左继电器到右前玻璃升降器电机，然后经过右继电器到开关 UP+ 端子再到车窗控制模块搭铁。

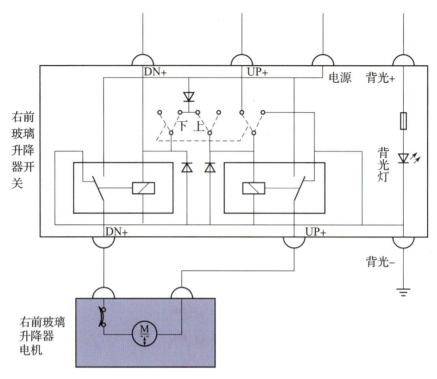

图 4-22　比亚迪秦 EV 车窗开关内部工作原理

　　测量时，按下主控开关上的右前车窗开关，右前车窗开关上 DN+ 应有 12V 左右的电压，否则更换该车窗开关。

　　（3）检查电机和电机电路。

　　断开右前车窗电机插接器 U01，检查控制端子输出状态，如图 4-23 所示。上"ON"挡电，按下右前车窗开关控制右前窗上升时，U01-2 与车身地之间的电压应为 12V 左右；按下右前车窗开关控制右前车窗下降时，U01-1 与车身地之间的电压应为 12V 左右，否则检修电路。

图 4-23　车窗电机插接器 U01

　　在车窗电机插接器两端子上直接施加 12V 左右的蓄电池电压，电机应运转自如；将加载在电机上的电源正负极互换，电机也应运转自如，否则更换电机。

## 任务二　刮水器和洗涤器的工作原理和检修

### 案例导入

早上王先生开着比亚迪秦电动汽车去上班，因下雨打开刮水器开关，发现刮水器高速挡不工作，其他挡位都正常工作。请按照技术要求对该车前风窗刮水系统进行检查，若有必要，对风窗刮水系统进行维修或更换相应元件，排除系统故障。

### 知识介绍

#### 一、刮水器和洗涤器的功能

刮水器的主要功能是通过刮刷风窗玻璃，清除表面的雨雪和灰尘，保证在恶劣天气条件下驾驶员的视野清晰，确保行车安全。洗涤器具有清除前风窗玻璃污垢的功能，能够提升汽车驾驶的安全性。

前刮水器控制杆（见图4-24）位于转向盘的右侧，常用功能包括：MIST——除雾挡，在除雾挡，刮水器仅工作一次，也称为点刮挡；OFF——停止挡，在OFF挡，刮水器刮水臂可以自动回位；AUTO——自动刮水挡，通过操作间歇旋钮，可以控制刮水间隔时长；LO——低速刮水挡；HI——高速刮水挡。有的汽车带有后刮水器，通过操作后刮水器开关可以起动或关闭后刮水器。向上拉动刮水器开关，可以开启洗涤器喷水功能；松开刮水器开关，自动停止喷水。

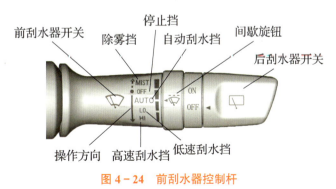

**图4-24　前刮水器控制杆**

比亚迪秦EV刮水器开关如图4-25所示。该刮水器有五个刮水挡位，即高速刮水挡、低速刮水挡、间歇挡、停止挡和除雾（点刮）挡。上抬或下压控制杆即可选择相应的挡位。在低速刮水挡与高速刮水挡时，刮水器连续刮水。欲让刮水器在点刮模式下运作，应从停止挡位置将控制杆下压，刮水器将低速刮水，直至将控制杆松开。在间歇挡时，可旋转刮水器开关上的间歇旋钮，随着雨量指示条的变窄，其刮水间歇时间延长。

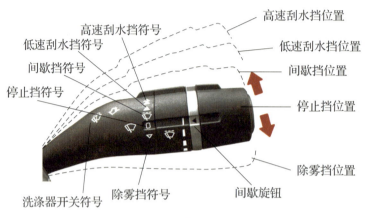

**图 4－25　比亚迪秦 EV 刮水器开关**

## 二、刮水器的结构

刮水器主要由电动机、蜗轮、蜗杆、底板、连杆、摆杆、刷架等组成，如图 4－26 所示。其中，电动机和蜗杆一般结合成一体组成刮水器电动机总成，是刮水器的动力源。刮水器在使用中可以根据雨量的大小来调整刮水速度，在雨量小时使用低速刮水挡位进行刮水，在雨量大时使用高速刮水挡位进行刮水。因此，要求刮水器电动机能够改变速度，以实现对刮水器刮水速度的调整。刮水器常采用橡胶条式。刮水片由刷架、橡胶刮片组成。

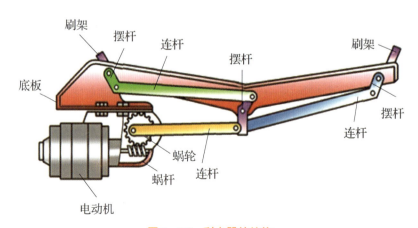

**图 4－26　刮水器的结构**

洗涤器具有喷射玻璃洗涤液，清洗风窗玻璃的功能。注意，需根据气温选择合适的玻璃洗涤液，以免影响使用。风窗玻璃洗涤器由洗涤液壶、洗涤泵、喷嘴等组成，如图 4-27 所示。为清洗前风窗玻璃，可将刮水器开关控制杆往回拉，即靠近转向盘方向，洗涤器一直喷水，同时刮水器运作。当松开控制杆时，洗涤器将停止喷水，刮水臂带动刮水片摆动两次后停止运动。洗涤器电动机一般采用永磁式电动机，接通洗涤器开关时，电动机旋转，通过联轴节驱动水泵轴和水泵转子一同旋转，转子将洗涤液壶中的洗涤液泵入出水软管，经软管输送到风窗玻璃前端的喷嘴。

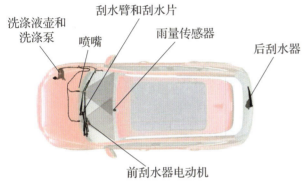

图 4-27　洗涤器

> **素养微课堂**
>
> 不积跬步，无以至千里。

根据刮水器安装位置的不同，可分为前风窗刮水器和后风窗刮水器两种。根据刮水器驱动机构的不同，可分为真空式、气动式和电动式三种。根据刮水片联动方式的不同，可分为对向联动式［见图 4-28（a）］、平行联动式［见图 4-28（b）］、交叉式和单臂式四种。

（a）对向联动式　　　　　（b）平行联动式

图 4-28　刮水片联动方式

## 三、刮水器的工作原理

新能源汽车刮水器的工作原理如图 4-29 所示。曲柄、连杆和刮水臂等杆件可以把蜗轮的旋转运动转变为刮水臂的往复摆动，使刮水臂上的刮水片实现刮水动作。当刮水器电动机转动时，会使蜗轮上的曲柄旋转，经连杆使短臂以电枢为中心作扇形运动，此短臂上安装右侧的刮水臂，另一连杆与左侧的短臂连接，左右两侧的刮水臂以电枢为中心作同方向左右平行的运动，刮水片便刮去风窗玻璃上的雨雪或灰尘。

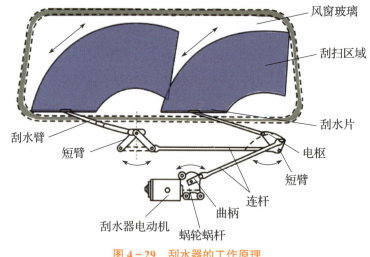

图 4-29　刮水器的工作原理

刮水器电动机按磁场结构不同一般分为绕线式和永磁式两种。绕线式刮水器电动机的磁极绕有励磁绕组，通电流时产生磁场；永磁式刮水器电动机的磁极用永久磁铁制成。由于永磁式刮水器电动机具有体积小、重量轻、结构简单等诸多优点，因此在新能源汽车上使用广泛。永磁式刮水器电动机主要由壳体、永久磁铁、电枢、蜗杆、蜗轮、输出臂等组成，如图 4-30 所示。通电时电枢转动，经蜗杆、输出轴后，把动力传给输出臂。

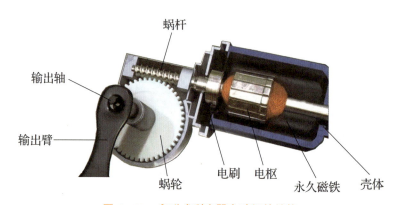

图 4-30　永磁式刮水器电动机的结构

为了满足不同天气条件的使用需要，刮水器电动机有低速刮水和高速刮水两个挡位。为实现刮水器电动机的变速，绕线式刮水器电动机和永磁式刮水器电动机分别采用了不同的变速原理。常见的永磁式刮水器电动机变速原理如

图4-31所示。该电路由蓄电池、熔断器、电刷、凸轮开关、挡位开关等组成，凸轮开关起到复位的作用，当关闭刮水器开关时，凸轮开关继续通电直至刮水臂回到初始状态。当刮水器开关推到停止挡时，如果刮水片没有停在规定的位置，由于凸轮开关上的触点接触导通，电流继续流入电枢。电流由蓄电池正极→熔断器→共用电刷→电枢绕组→低速电刷→挡位开关→凸轮开关→蓄电池负极，电动机以低速运转。当蜗轮带动凸轮开关到达图4-31所示位置时，电动机电枢绕组驱动电路不导通。与此同时，电动机因惯性不能立即停转，以发电机方式运行，而产生很大的反电动势，产生制动力矩，电动机迅速停转，使刮水片停在规定位置。

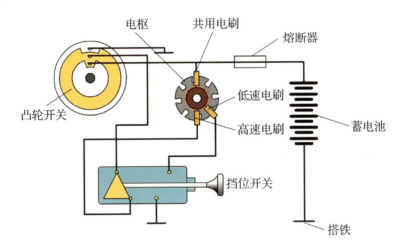

图4-31　永磁式刮水器电动机变速原理

## 🔧 任务实施

### 一、安全注意事项

在进行新能源汽车刮水器及洗涤器检查维修作业前，需查阅维修手册和用户手册，遵守操作规程。

（1）在洗涤器缺少洗涤液时，尽可能减少刮水器的干刮工作，因为在污染物未能湿润的情况下，强行干刮会导致刮水片损坏。

（2）定期清洁设备内部及周围环境，减少灰尘积累和污渍聚集，从而延长设备寿命。

（3）切勿向洗涤液内添加清水、酒精等非洗涤液的液体或其他添加物。因为添加物可能会腐蚀洗涤器部件以及堵塞喷嘴等，从而损坏洗涤器。

## 二、刮水器和洗涤器的维护

### 1. 更换和添加洗涤液

由于环境、天气等因素，汽车需要经常使用洗涤液清洁风挡玻璃，这就使得汽车在日常使用过程中，经常会遇到更换或添加洗涤液的情况。在这个过程中使用正确的方法，有利于延长洗涤器的使用寿命，减少不必要的损坏。

更换或添加洗涤液前要先打开前舱盖。如图4-32所示，洗涤液壶坐落于前舱里前照灯后侧。取下注液口的外盖，检查安装在外盖上的液位计，以查验洗涤液壶的液位，合理加注。在冬季加注洗涤液时，切忌加得太满。

图4-32　洗涤液壶位置

更换、添加洗涤液时要注意以下事项：①正常使用时，应每月至少查看一次洗涤液壶的液位；②在天气恶劣的情况下，若经常使用洗涤器，应增加查看洗涤液壶液位的频率；③高品质风窗玻璃洗涤液，可提升除污工作能力，并能预防在严寒气温中冻结；④添加洗涤液后，要清理刮水片，有利于使刮水片处于优良状态；⑤选用洗涤液时还应考虑当地的最低温，当环境温度低于0℃时，应使用含防冻液的洗涤液，以防止离心水泵、洗涤液壶和管道因冰冻而毁坏；⑥切勿向洗涤液壶内注入醋水溶剂。

检查喷嘴喷射是否符合以下要求：喷嘴应喷射有力，如发现喷嘴不能喷射或喷射状态不当，应检查喷嘴是否堵塞，如有堵塞应用细针疏通或更换喷嘴。检查喷嘴的喷射位置，如果喷射位置不对，应及时进行调节，如图4-33所示。正常应该将洗涤液喷射在风窗玻璃的中间偏上位置，当洗涤液流下来时，正好让刮水片将其均

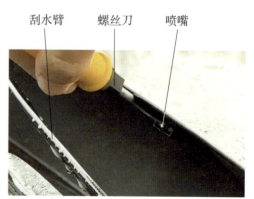

图4-33　调整喷嘴

匀地涂抹到整个风窗玻璃上，清洗并带走污物。一般喷嘴的位置可以用手调节，也有些车型是用螺钉固定喷嘴的，可以松开固定螺钉后再调节。

**2. 更换刮水片**

刮水器刮水片的材料一般为合成橡胶，属于易损材料，在使用过程中注意保持良好的使用环境和使用习惯，有利于延长刮水片的使用寿命，减轻刮水片的损坏。至少每六个月检查一次刮水片状况，查看有无裂缝或者局部硬化。如果发现这些现象，则应更换刮水片，否则，使用时会留下条纹或刮不净的地方。

在刮水臂被拉起时不能打开前舱盖，否则会损坏前舱盖和刮水臂。可通过多媒体 PAD 主机→"车辆健康"→"维修保养设置"开启刮水器检修功能，开启后刮水器会运行至高位后停止，以便于检修和更换刮水器；检修完毕后关闭刮水器检修功能，刮水器会复位。

以比亚迪车型为例，将车停放在平坦的地面上。刮水片位于底板下方细长拉杆末端。将拉杆拨起至垂直状态，以便让贴合于拉杆两端的卡扣显露出来。

（1）首先拉起驾驶员侧的刮水臂，然后再拉起乘员侧的刮水臂。

（2）按下刮水片锁止按钮，按图 4 - 34（a）所示方向拉出。

（3）握住刮水片卡扣处，沿图 4 - 34（b）所示方向将刮水片取出。

（4）装配新刮水片时，按照与取下刮水片相反的步骤进行操作。

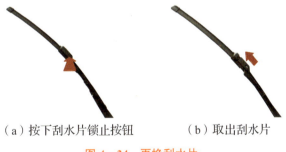

（a）按下刮水片锁止按钮　　　（b）取出刮水片

图 4 - 34　更换刮水片

## 三、检查刮水器和洗涤器相关电路

**1. 刮水器开关电路的检查**

刮水器开关电路如图 4 - 35 所示。刮水器开关（图中组合开关）有六条相关连接线，两条电源线分别连接常电和 IG1 电源，一条搭铁线连接蓄电池负极，两条舒适网 CAN 线连接"多合一"，一条线向"多合一"传递高速刮水挡信号。刮水器开关其他信号通过舒适网 CAN 线传到"多合一"，"多合一"再控制刮水器按要求工作。

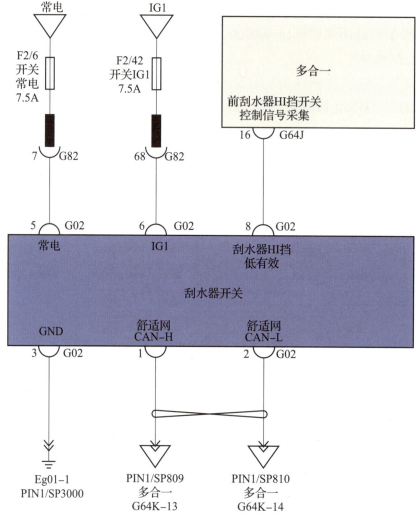

图 4－35　刮水器开关电路

（1）用万用表检查仪表板配电盒 F2/42、F2/6 熔断器情况。F2/6 熔断器在正常情况下两个检测点的电压应为 12V 左右，F2/42 熔断器在上低压电后两个检测点的电压应为 12V 左右，否则检查熔断器相关电路。

（2）检查线束（刮水器开关电源线束）。断开刮水器开关插接器 G02，电源打到"OK"挡，检查端子电压，G02-5—车身地和 G02-6—车身地的电压均应为 12V 左右，G02-3—车身地的电压应小于 1V。若情况异常，需更换或维修线束。

（3）检查刮水器开关。不断开刮水器开关插接器 G02，电源打到"OK"挡，从 G02 后端引线或使用跨接线检查端子电压值。将刮水器开关打到"HI"挡，测量 G02-8—车身地的电压，应小于 1V；G02-1—车身地和 G02-2—车身地的电压应为 2.5V 左右。若情况异常，更换刮水器开关。

（4）检查 CAN 总线。断开插接器 G02，断开蓄电池负极，用万用表测量端子间的阻值，G02-1—G02-2 的阻值应为 56～64Ω，如果异常，检查 CAN 总线。

（5）检查线束（刮水器开关—仪表板配电盒 G2J）。断开刮水器开关插接器 G02，检查线束端子间的阻值，G02-8—G2J-16 的阻值应小于 1Ω，否则检查或维修该线束。

### 2. 刮水器电动机电路的检查

刮水器电动机电路如图 4-36 所示。当"多合一"控制刮水器开关继电

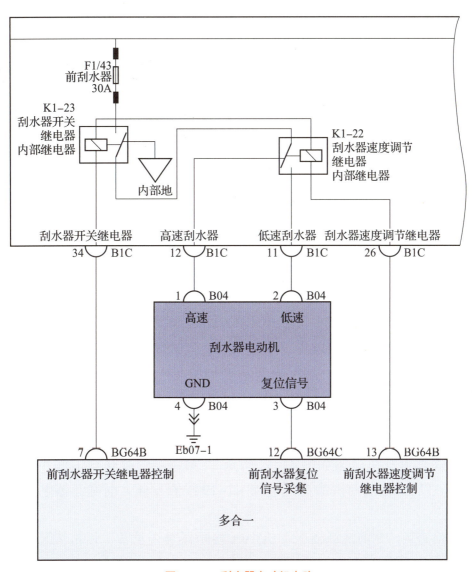

**图 4-36 刮水器电动机电路**

器线圈搭铁时，刮水器开关继电器导通，刮水器速度调节继电器部分就有电源。当刮水器速度调节继电器导通时，刮水器电动机以低速运转；当刮水器速度调节继电器断开时，刮水器电动机以高速运转。

（1）检查 F1/43 熔断器两个检测点的电压，应为 12V 左右，否则更换该熔断器或检查熔断器供电电路。

（2）在低速刮水挡，B1C-11 应该有 12V 的电压；在高速刮水挡，B1C-12 应该有 12V 的电压。

（3）检查刮水器电动机。断开刮水器电动机插接器 B04，如图 4-37 所示。让端子 2 连接低压蓄电池正极，端子 4 连接低压蓄电池负极，此时，刮水器电动机以低速旋转。让端子 1 连接低压蓄电池正极，端子 4 连接低压蓄电池负极，此时，刮水器电动机以高速旋转。检查端子 3 和端子 4 之间的阻值，若电动机停在非停止位，则阻值应大于 10kΩ；若电动机停在停止位，则阻值应小于 1Ω。若测量结果不符合要求，应更换刮水器电动机。

插接器B04　　　　　刮水器电动机

**图 4-37　断开刮水器电动机插接器 B04**

（4）检查刮水器电动机到继电器盒和"多合一"之间的线束。断开刮水器电动机插接器 B04，断开继电器盒插接器 B1C，检查 B04-2 与 B1C-11、B04-1 与 B1C-12、B04-3 与 BG64C-12 之间的阻值，应小于 1Ω；检查 B04-4 与车身地之间的阻值，应大于 10kΩ，否则检查或更换线束。

（5）检查"多合一"和继电器盒之间的线束。断开刮水器电动机插接器 B04，断开"多合一"插接器 BG64B，检查 B1C-34 和 BG64B-7、B1C-26 和 BG64B-13 之间的阻值，应小于 1Ω，否则检查或更换线束。

### 3. 前洗涤器电动机电路的检查

前洗涤器电动机电路如图 4-38 所示。"多合一"收到刮水器开关上发出的洗涤信号后，控制前洗涤器继电器 K1-19 线圈导通，前洗涤器电动机开始工作。

（1）检查 F1/19 前洗涤器电动机 10A 熔断器是否正常，正常情况下两个检测点电压都是 12V 左右。

（2）检查 K1-19 前洗涤器继电器，检查方法与检查刮水器开关继电器的方法相同。

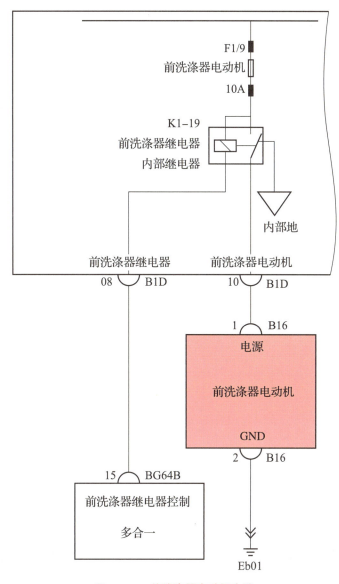

图 4 - 38　前洗涤器电动机电路

（3）检查前洗涤器电动机。断开前洗涤器电动机插接器 B16，让 B16-1 连接蓄电池正极，B16-2 连接蓄电池负极，此时前洗涤器电动机应正常运转，否则更换前洗涤器电动机。

（4）检查线束。断开前洗涤器电动机插接器 B16，断开继电器盒插接器 B1D，断开"多合一"插接器 BG64B，检查 B1D-10 和 B16-1、BG64B-15 和 B1D-08、B16-2 和搭铁之间的阻值，应小于 $1\Omega$，否则维修或更换线束。

## 任务三　电动后视镜的工作原理和检修

### 案例导入

　　一辆比亚迪秦汽车因车外后视镜视野不到位，车主操作电动后视镜开关进行调整，发现两个电动后视镜上下、左右方向均无法工作。请你对该车电动后视镜进行检查，若有必要，对电动后视镜进行维修或更换相应元件、线路，排除系统故障。

### 知识介绍

#### 一、电动后视镜的分类和作用

　　电动后视镜按照安装位置不同分为车外后视镜（见图 4-39）和车内后视镜（见图 4-40）；按照镜面形状不同分为平面镜、球面镜和双曲率镜。汽车上电动后视镜的位置直接关系到驾驶员能否清楚观察到车后的情况。在需要调节视角时驾驶员可以不必下车，在驾驶位置通过开关调节即可。汽车电动后视镜的作用是帮助驾驶员观察汽车后方、侧面、下方的路况，拓宽驾驶者的视野，减少盲区，便于驾驶员变道、停车、转向等，有效避免交通事故的发生。

观察侧面路况　　观察车身

**图 4-39　车外后视镜**

观察后方

**图 4-40　车内后视镜**

　　比亚迪秦 EV 可以选配 NFC 钥匙闭锁/解锁，使用手机 NFC 钥匙靠近左侧车外后视镜就可以打开车门，如图 4-41 所示。NFC 是一种无线通信技术，它使设备能够在不使用互联网的情况下相互通信。闭锁车门时，当整车电源挡位处于"OFF"挡，车门关闭且未锁止时，将 NFC 钥匙靠近左前车外后视镜上指令区域，所有车门同时闭锁。此时，转向信号灯闪烁一次。解锁车门时，在防盗状态下，携带 NFC 钥匙靠近左前车外后视镜上指令区域，所有车门同时解锁，转向信号灯闪烁两次。

有的车外后视镜带有照地灯（也称为照脚灯），如图 4-42 所示，照地灯方便夜间查看车辆下方地面的状况。比亚迪秦 EV 车外照脚灯和后室内阅读灯根据智能钥匙的存在情况、车门解 / 闭锁情况、车门打开 / 关闭情况以及电源挡位状态自动点亮 / 熄灭。

NFC标识

图 4-41　带有 NFC 钥匙功能的车外后视镜

固定螺栓　摄像头　照地灯

图 4-42　带照地灯的后视镜

有的汽车带有盲区监测系统，盲区监测系统包含盲点监测、并线辅助、后方穿行预警、后碰预警等功能，主要通过雷达传感器对当前交通状况进行判断，及时提醒驾驶员谨慎驾驶，注意行车安全。通过多媒体 PAD 主机的 Dipilot 设置界面开启或关闭盲区监测系统功能。DiPilot 是比亚迪智能网联中心推出的汽车高级智能驾驶辅助系统。带有盲区监测系统汽车的后视镜上有报警灯，报警灯点亮或闪烁时，提醒驾驶员注意安全驾驶。例如，车辆行驶速度高于 30km/h 时，当雷达传感器探测到车外后视镜盲区内存在车辆时，相应侧车外后视镜上的报警灯点亮，如图 4-43 所示。如果此时开启同侧的转向信号灯，车外后视镜报警灯变为闪烁，提示驾驶员若继续变道可能存在危险，需注意安全驾驶。

图 4-43　带盲区监测系统汽车的后视镜

**素养微课堂**

锲而舍之，朽木不折；锲而不舍，金石可镂。

——荀况《荀子》

## 二、电动后视镜的组成

电动后视镜主要由镜框、镜片、电动机等组成，如图4-44所示。可通过图4-45所示的操纵开关，操纵后视镜上下及左右转动。电动后视镜的背后装有两套电动机和驱动器，通常镜片上下方向的倾斜运动用一个电动机控制，左右方向的转动用另一个电动机控制。为了使汽车能够获得最大的驻车间隙，通过尽可能狭小的路段，车外后视镜都带有手动折叠功能，有的电动后视镜还带有自动折叠功能，由折叠开关控制折叠电机工作，使两个后视镜整体折叠收缩。按下折叠开关，电动后视镜折叠；再次按下此开关，电动后视镜展开。启用防盗功能时两个后视镜自动折叠，解除防盗功能时两个后视镜自动展开。

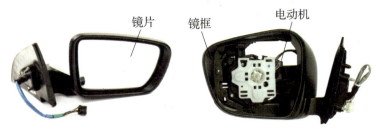

镜片　　镜框　　电动机

图4-44　车外电动后视镜

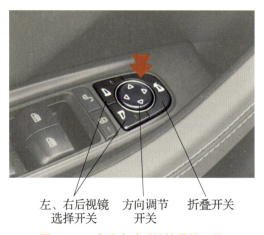

左、右后视镜　方向调节　折叠开关
选择开关　　　开关

图4-45　车外电动后视镜操纵开关

有的后视镜具有自动防眩目功能，其原理为：有两个光敏二极管，一个安装在后视镜正面，另一个安装在背面，它们分别接收汽车前面及后面射来的光线。当后车的前照灯灯光照射在车内后视镜上时，由两个光敏二极管的信号比较可以判断后面的光强于前面的光，于是电子控制器就会施加电压给后视镜镜面的电离层，将它的颜色变深，后面射来的强光就会被镜面吸收掉很大一部分，余下反射到驾驶员眼内的光线就变得柔和多了。自动防眩目后视镜如图4-46所示。

| （a）自动防眩目功能关闭 | （b）自动防眩目功能开启 |
|---|---|

**图 4－46　自动防眩目后视镜**

## 三、电动后视镜的工作原理

通过改变电动机的电流方向，可完成后视镜的上下及左右调整。有的电动后视镜还带有伸缩功能，由伸缩开关控制伸缩电机工作，使整个后视镜回转伸出或缩回。可伸缩式电动后视镜控制系统电路图如图 4－47 所示。

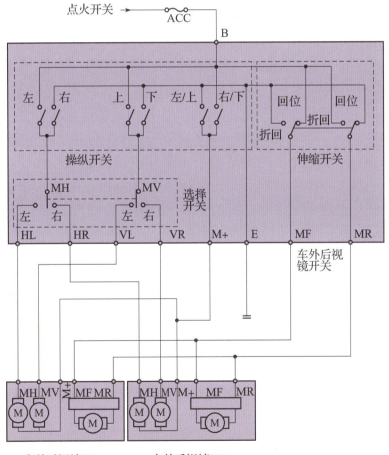

**图 4－47　可伸缩式电动后视镜控制系统电路图**

MR—右侧车外后视镜开关；MF—左侧车外后视镜开关

### 1. 后视镜回缩过程

当伸缩开关向左拨动时，后视镜执行折回动作。电流从点火开关→ACC熔断器→右侧折回触点→右侧车外后视镜开关MR→左、右后视镜伸缩电机→左侧车外后视镜开关MF→左侧折回触点→搭铁。相反，改变伸缩电机的电流方向，实现后视镜的外张。电流从点火开关→ACC熔断器→左侧折回触点→左侧车外后视镜开关MF→左、右后视镜伸缩电机→右侧车外后视镜开关MR→右侧折回触点→搭铁。

### 2. 后视镜调节过程

以左侧车外后视镜为例，说明后视镜镜片的左右调节过程。向左翻转：开关动作，选择左后视镜，按下左方向调节开关，电流从点火开关→ACC熔断器→操纵开关"左"触点→选择开关（MH）→选择开关"左"触点→选择开关（HL）→车外后视镜LH的MH端子→车外后视镜LH的M+端子→操纵开关"左/上"触点→搭铁。相反，改变翻转电机的电流方向，实现后视镜镜片的右转。电流从点火开关→ACC熔断器→操纵开关"右/下"触点→车外后视镜LH的M+端子→车外后视镜LH的MH端子→选择开关（HL）→选择开关"左"触点→选择开关（MH）→操纵开关"右"触点→搭铁。

以左侧车外后视镜为例，说明后视镜镜片的上下调节过程。向上翻转：开关动作，选择左后视镜，按下上方向调节开关。电流从点火开关→ACC熔断器→操纵开关"上"触点→选择开关（MV）→选择开关"左"触点→选择开关（VL）→车外后视镜LH的MV端子→车外后视镜LH的M+端子→操纵开关"左/上"触点→搭铁。相反，改变翻转电机的电流方向，实现后视镜镜片的下转。电流从点火开关→ACC熔断器→操纵开关"右/下"触点→车外后视镜LH的M+端子→车外后视镜LH的MV端子→选择开关（VL）→选择开关"左"触点→选择开关（MV）→操纵开关"下"触点→搭铁。

## 任务实施

## 一、安全注意事项

在进行电动后视镜检查维修作业前，需查阅维修手册和用户手册，遵守操作规程。

（1）车辆行驶时请勿调节车内后视镜，否则可能使驾驶员控制不住车辆，导致意外事故发生，造成人员伤亡。

（2）请勿在车内后视镜上悬挂重物或用力摇晃、拖拽。

（3）手动调节车内后视镜时，若有卡滞切勿暴力调节，以免造成车内后视镜脱落。

（4）如果后视镜被冰冻住，请勿操作操纵开关或刮后视镜的表面，需用喷雾式除冰器除去后视镜表面的冰。

（5）为保证盲区监测系统正常工作，盲区监测雷达安装部位的状态应保持良好，如果覆盖了泥土等遮挡物，需要及时清理干净。

（6）由于车外后视镜表面会变热，因此打开后除霜开关后不能触摸镜面。

## 二、电动车外后视镜拆装步骤

当电动车外后视镜出现故障时，需进行电动车外后视镜拆装检修。以下是电动车外后视镜的拆装步骤。

首先拆下车门内饰板（见图4-48），取下前门装饰板，断开车外后视镜总成线束插接器，如图4-49所示。然后拆卸车外后视镜三个固定螺母，最后取下车外后视镜总成，如图4-50所示。请注意不要损坏安装面的密封条，否则可能造成漏水。不要将后视镜放在地面或坚硬的平面，防止损坏后视镜上面的油漆。

图4-48　拆下车门内饰板

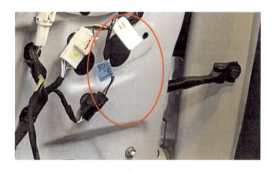

图4-49　断开车外后视镜总成线束插接器

按与拆卸相反的顺序安装好电动车外后视镜后，连接车外后视镜总成线束插接器，操控电动车外后视镜操纵开关，车外后视镜应工作正常。如果需要更换后视镜镜片，先将后视镜内侧间隙调大。镜片背面有加热等线束插接器，拆卸完注意检查镜框内相应卡扣是否损坏，若有损坏，则需要更换镜框，如图4-51所示。

图4-50　取下车外后视镜总成

（a）将内侧间隙调大

（b）镜片背面有加热等线束插接器

（c）检查后视镜镜框

图 4-51　更换后视镜镜片

## 三、电动车外后视镜故障的检修

### 1. 检查除霜功能及电路

（1）检查除霜功能是否正常。在多媒体 PAD 主机空调操作界面，按下如图 4-52 所示的按钮，可开启后风窗玻璃加热除霜和车外后视镜加热除霜功能。若无再次操作，工作 15min 后自动关闭；再次按下此按钮，可关闭后风窗玻璃和车外后视镜除霜功能。注意除霜功能不能用来干燥雨滴和融雪。

图 4-52　后风窗玻璃除霜按钮和
车外后视镜除霜按钮

（2）比亚迪秦 EV 后视镜除霜电路如图 4-53 所示。"多合一"控制 K1-13 后除霜继电器线圈接通，后除霜继电器开关接通后给前舱配电盒内 F1/14 30A 熔断器提供电源。F1/14 30A 熔断器给后风窗玻璃加热丝提供电源，同时给仪表板配电盒内 F2/23 熔断器及车外后视镜供电。

（3）检查 F1/14 30A 熔断器。开启除霜功能，检查 F1/14 30A 熔断器两个检测点的电压，应为 12V 左右。如果一个检测点电压为 0V，另一个检测点电压为 12V 左右，说明该熔断器有损坏。如果两个检测点电压都是 0V 左右，进行下一步。

（4）检查 K1-13 继电器：关闭除霜功能，拔下 K1-13 继电器，按前文介绍的方法检查该继电器，如果 K1-13 继电器异常，则需要更换。检查继电器座：打开除霜功能，检查 K1-13 继电器端子 86 对应的继电器座端子电压，应为 12V，否则，在断电的情况下检查"多合一"BG64C-6 到该端子之间的电路是否断路；检查 K1-13 继电器端子 85 对应的继电器座端子和搭铁之间的阻值，应小于 1Ω；检查 K1-13 继电器端子 30 对应的继电器座端子的电压，应为 12V；检查 K1-13 继电器端子 87 对应的继电器座端子和插接器端子 BJK01-24 之间的阻值，应小于 1Ω。

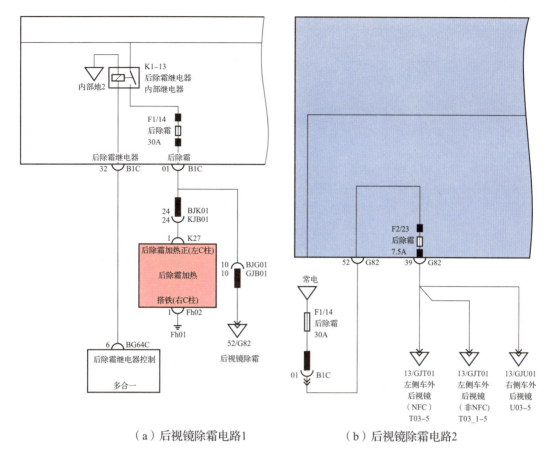

（a）后视镜除霜电路1 　　　（b）后视镜除霜电路2

**图 4－53　后视镜除霜电路**

（5）检查仪表板配电盒内 F2/23 7.5A 熔断器是否正常。

（6）关闭除霜功能，检查 F2/23 7.5A 熔断器到后视镜 T03-5、U03-5 之间线束的阻值，应小于 1Ω，否则检查该线束断路故障。

### 2. 检查电动车外后视镜方向调节开关

比亚迪秦 EV 后视镜方向调节开关电路如图 4－54 所示。后视镜方向调节开关可以控制后视镜上下和左右运动。需要折叠或展开后视镜时，按下折叠开关，折叠开关将开关信号传送给"多合一"，"多合一"控制后视镜内折叠电机折叠或展开后视镜。

断开左前车外后视镜开关 T05（A）插接器，用万用表测量左前车外后视镜方向调节开关插接器各端子间导通情况，选择左侧车外后视镜（操纵开关打到 L），T05（A）-3 和 T05（A）-5 左调导通、右调导通；T05（A）-4 和 T05（A）-5 上调导通、下调导通。如果检测出现异常，则更换电动车外后视镜方向调节开关。

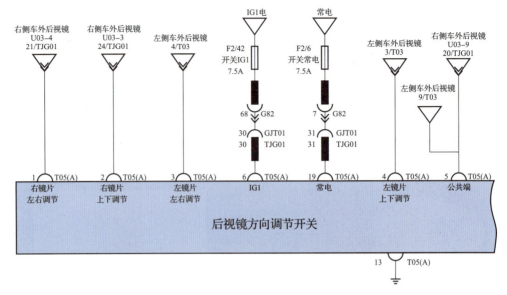

图 4 - 54　后视镜方向调节开关电路

### 3. 检查电动车外后视镜相关功能及电路

（1）外观检查。检查电动车外后视镜镜框漆面是否光滑，检查镜片是否刮花。

（2）功能检查。操作左车门上的开关，检查电动车外后视镜的左右调节功能、上下调节功能、折叠功能。开启转向信号灯，检查左侧车外后视镜报警灯是否正常闪烁。锁止车门，再重新解锁车门，检查后视镜照地灯（照脚灯），正常应点亮。如果有条件，检查手机 NFC 钥匙是否能正常解锁。检查除霜功能，开启后视镜除霜功能，检查镜面是否发热。

（3）元件测试。左侧车外后视镜电路如图 4 - 55 所示。断开左侧车外后视镜 T03 插接器，给左侧车外后视镜插接器各端子通电，检查镜片调节情况。T03-4 与蓄电池正极连接，T03-9 与蓄电池负极连接，此时镜片能右调；T03-3 与蓄电池正极连接，T03-9 与蓄电池负极连接，此时镜片下调。若异常，则更换左侧车外后视镜总成。按上述方法，可以依次检查折叠、展开功能是否正常，照地灯、报警灯、除霜功能等是否正常。

（4）检查线束。断开左侧车外后视镜 T03 插接器，断开车外后视镜方向调节开关 T05 插接器，用万用表检查端子间电阻值。T05-4 与 T03-4 之间的阻值应小于 1Ω，T05-6 与 T03-9 之间的阻值应小于 1Ω，T05-5 与 T03-3 之间的阻值应小于 1Ω，否则需更换线束。按照上述方法依次检查左侧车外后视镜 T03 插接器相应端子分别和"多合一"（图中也称为"十合一"）、车身地等之间线束的阻值，都应小于 1Ω，否则更换或维修线束。

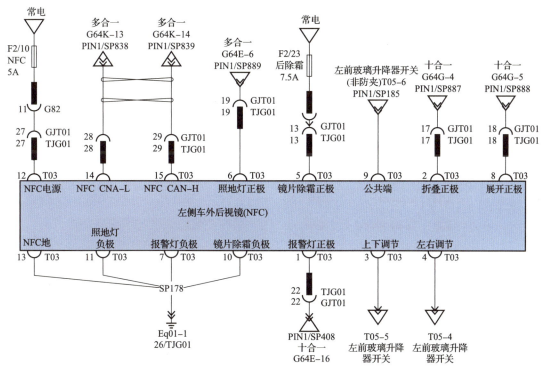

**图 4－55　左侧车外后视镜电路**

## 任务四　其他车身辅助电气系统的工作原理和检修

### 案例导入

一辆比亚迪秦新能源轿车的车主李先生反映，该车左前车门门锁无法遥控打开，其他车门可以正常打开和锁止。请你排除此故障。

### 知识介绍

#### 一、中控门锁系统

门锁是锁止车门的机构，是保证汽车行驶安全的重要设备。对门锁的一般要求是：能对车门及行李舱进行集中控制，即将车门及行李舱可靠锁紧或打开；当驾驶员对左前车门进行锁门或开门控制时，能同时对汽车所有门锁及行李舱实现相同的控制效果；当门锁在锁止状态时，操作外拉手不能打开车门；

在中控门锁系统不工作时，乘客仍可使用各车门的机械锁扣开关车门；后车门有防止儿童误操作的儿童锁。

为了提高汽车的安全性、方便性，现代汽车大多安装中控门锁系统。中控门锁系统主要由门锁控制开关、门锁执行机构（或门锁电动机）、门锁位置开关、钥匙操纵开关、行李舱开启器及门锁控制器等部分组成。

### 1. 门锁控制开关

大多数汽车的中控门锁系统在驾驶员侧车门上装有门锁总开关，如图 4 - 56 所示。大多数中控门锁系统的门锁控制开关由驾驶员侧车门上的门锁总开关和其他车门上的分开关组成，驾驶员侧车门门锁总开关可以将所有的车门闭锁或解锁，分开关装在其他各个车门上，可单独控制相应的车门。

按门锁总开关的闭锁开关，四门同时闭锁，开关上的指示灯点亮；按门锁总开关的开锁开关，四门同时解锁。当车速超过 20km/h 时，所有车门

图 4 - 56　门锁总开关

将自动落锁。整车电源退电后，所有车门自动解锁。车辆遭受强烈撞击时，所有车门根据具体撞击力度和事故类型，将自动解锁。

### 2. 门锁执行机构

常见的门锁执行机构有电磁式和电动机式，两种结构都通过改变极性转换其运动方向来实现解锁或闭锁动作。

（1）电磁式门锁执行机构。电磁式门锁执行机构由电磁铁驱动，其结构如图 4 - 57 所示。它内设两个线圈，分别用来开启、锁闭门锁。门锁集中操作按钮平时处于中间位置，用手按压即可开启或锁闭车门。

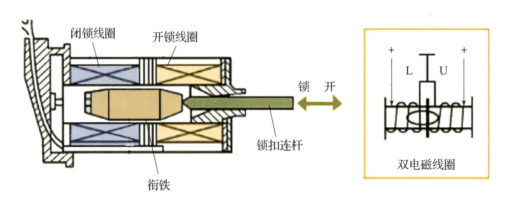

图 4 - 57　电磁式门锁执行机构

（2）电动机式门锁执行机构。电动机式门锁执行机构由可逆式电动机、传动装置（齿轮、齿条等）及锁体总成构成，其结构如图4-58所示。电动机带动齿轮齿条副或螺杆螺母副运动进而驱动锁体总成，实现车门门锁的锁闭或开启动作。

### 3. 门锁位置开关

门锁位置开关用来检测车门的锁紧状态，它由一个触点片和一个开关底座组成。当锁杆推向锁门位置时，门锁位置开关关闭；推向开门位置时，此开关开启。即当车门关闭时，此开关关闭；当车门打开时，此开关开启。图4-59所示为门锁位置开关在车门锁紧和打开时的状态。

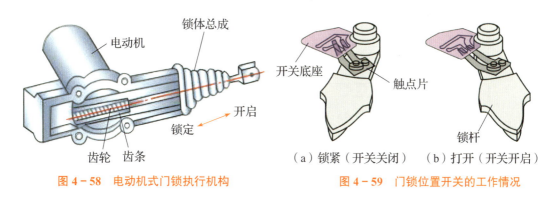

图4-58　电动机式门锁执行机构　　　　图4-59　门锁位置开关的工作情况

### 4. 钥匙操纵开关

钥匙操纵开关装在前门的钥匙孔处，当从外面用钥匙开门或关门时，钥匙操纵开关便发出开门或关门的信号给门锁控制器。

### 5. 门锁控制器

门锁控制器为门锁执行机构提供开锁和闭锁脉冲电流，有晶体管式、电容式、ECU控制式和车速感应式门锁控制器等。

中控门锁系统是由控制门锁解锁/闭锁的系统，其操作方式分为两种：按下门锁总开关发送解锁/闭锁请求信号给门锁控制器，门锁控制器接收并处理开关信号，驱动相应的门锁电动机解锁/闭锁；用机械钥匙开车门时，钥匙操纵开关发送解锁/闭锁请求信号给门锁控制器，门锁控制器接收并处理开关信号，驱动相应的门锁电动机解锁/闭锁。

中控门锁系统工作电路如图4-60所示。驾驶员或乘客可以通过门锁控制开关接通或断开门锁继电器，门锁继电器包括锁止和开锁两个继电器。当门锁控制开关都不闭合时，所有电动机两端都通过继电器直接搭铁，电动机不运转；当门锁控制开关闭合时，开锁继电器线圈通电，继电器吸合，蓄电池电压经闭合的开锁继电器动合触点施加于电动机，电动机电枢另一端经锁止继电器动断触点接地，电动机转动，门锁打开。

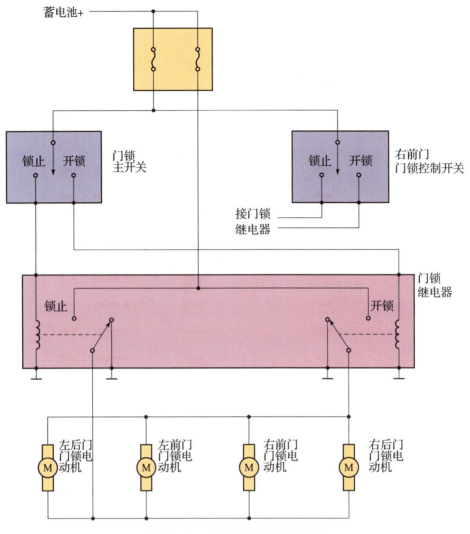

图 4-60　中控门锁系统工作电路

当开关断开，回到中间位置时，开锁继电器失去作用。当开关在锁止位置时，蓄电池给锁止继电器供电，继电器动作，其动合触点闭合，蓄电池电压经此触点施加给所有门锁电动机。电动机电枢另一端经开锁继电器动断触点接地，电动机旋转并将车门锁住。

门锁电动机的转向是可逆的，其转动方向由流经电枢电流的方向决定，电动机通过两个继电器和蓄电池构成回路而通电运转。不同的继电器工作可以改变电动机中电流的方向，使门锁电动机的转向改变，实现开锁和锁止。

## 二、遥控门锁系统

遥控门锁系统是在一定距离内完成车门的打开及锁止的系统。遥控门锁系统不仅能控制驾驶员侧车门，还可控制其他车门和行李舱门。遥控门锁系统由发射器、接收器、门锁遥控控制组件（ECU）以及执行器等组成。

发射器又称为遥控器或智能钥匙，其作用是利用发射器发射规定代码的无线遥控信号，控制驾驶员侧车门、其他车门、行李舱门等的开启和锁止，且具有寻车功能。

如图 4-61 所示，比亚迪秦 EV 在汽车车厢内和左右车窗上方及车厢外安装有探测天线，发射器发出微弱电波，此电波由探测天线接收后送至 ECU 进行对比，若识别对比后的代码一致，ECU 将把信号送至执行器完成相应的动作。

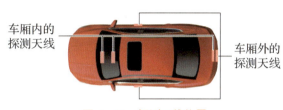

车厢内的探测天线

车厢外的探测天线

图 4-61　探测天线位置

## 三、电动座椅

为了适应不同驾驶员、乘客对座椅位置的要求，提高乘坐舒适性，尤其是使驾驶员保持正确的坐姿和便于驾驶操作，驾驶员座椅和前排乘客座椅设置了调节装置。如图 4-62 所示，座椅一般能进行多部位、多方向调整，如前后调节、上下调节、靠背倾斜调节、头枕调节等。电动座椅是指以电动机为动力源，通过传动装置和执行机构来调节座椅不同方向的位置，使驾驶员或乘客乘坐舒适的座椅。

如图 4-63 所示，1 为座椅位置调节开关，前、后移动座椅位置调节开关，可调节座椅前、后位置，上、下调节开关前端，可调节座椅角度，上、下调节开关后端，可调节座椅高度。2 为靠背角度调节开关，前、后摆动靠背角度调节开关，可调节靠背角度。

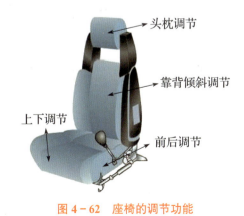

头枕调节

靠背倾斜调节

上下调节

前后调节

图 4-62　座椅的调节功能

1　2

图 4-63　比亚迪秦 EV 电动座椅调节开关

电动座椅一般由坐垫、靠背、座椅调节开关、控制器、电动机、传动装置等组成，其电路如图4-64所示。电动机在来自控制器的电流驱动下为电动座椅的传动装置提供动力。大多数电动座椅采用永磁式电动机。此类电动机电枢的旋转方向随电流方向的改变而改变，可调节座椅向不同方向的移动。

## 四、安全气囊

安全气囊（SRS）是现代汽车广泛采用的一种安全保护装置，如图4-65所示。为减少汽车发生正面碰撞时产生的惯性力对驾驶员和乘客造成的伤害，现代汽车在驾驶员前端转向盘中央普遍装有安全气囊，有些汽车在前排乘客前的工具箱和乘客座位上也装有安全气囊。

安全气囊系统属于辅助约束系统的一部分，是对座椅和安全带的补充，是一种被动安全系统。在乘客使用安全带的情况下，当车辆发生较严重碰撞事故，达到系统展开条件时，安全气囊会快速展开，有助于减轻胸、头和面部在碰撞时受伤的严重程度。

只有与系好的安全带一起工作，安全气囊系统才能发挥最大保护作用。当汽车速度超过30km/h发生前碰撞事故，ECU检测到冲击力超过设定值时，安全气囊立即接通气体发生器中的电雷管引爆火药粉和充气剂，产生大量气体，气囊就会迅速充气膨胀，冲破缓冲垫（内饰板），在30ms内迅速在乘客与车辆之

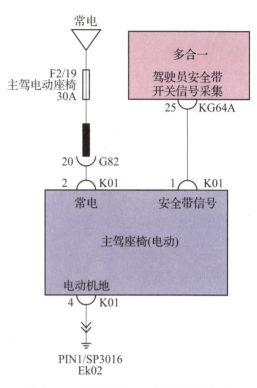

图4-64　比亚迪秦EV电动座椅的电路

图4-65　安全气囊

间形成一道柔软的弹性屏障，使乘客免受伤害，如图4-66所示。当撞击发生后，安全气囊随即自动放气，它不会妨碍车内人员逃生，也不影响他们的视线。

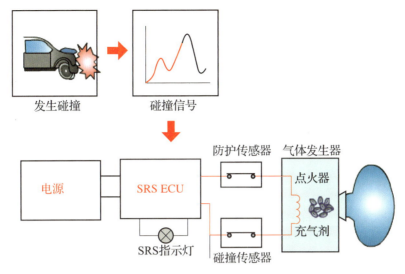

图 4-66　安全气囊工作原理示意图

　　比亚迪秦 EV 安全气囊相关电路如图 4-67 和图 4-68 所示。碰撞传感器包括左右碰撞传感器、C 柱左侧碰撞传感器、C 柱右侧碰撞传感器、右后碰撞传感器、左前碰撞传感器、左侧碰撞传感器、右前碰撞传感器、右侧碰撞传感器，碰撞传感器将碰撞信号传送给 SRS ECU。比亚迪秦 EV 安全气囊系统包括驾驶员安全气囊、乘客安全气囊、左侧气帘、右侧气帘、左前座椅安全气囊及右前座椅安全气囊。

微课

认识安全气囊

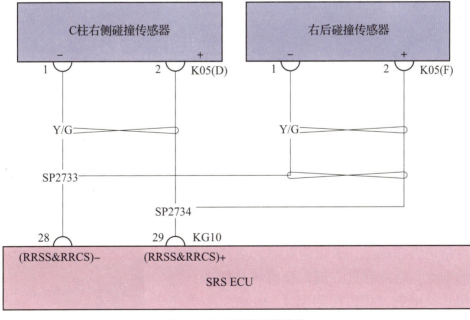

图 4-67　碰撞传感器电路

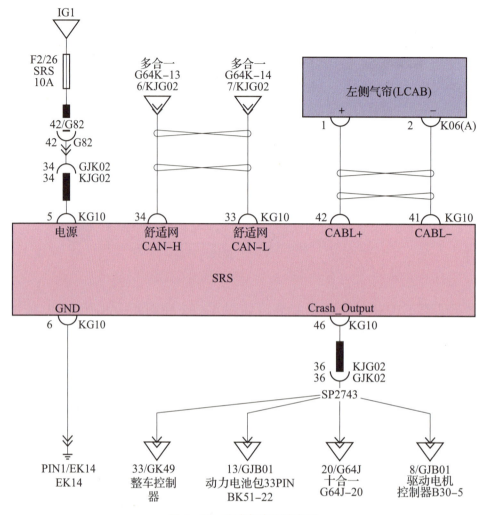

图 4-68　安全气囊系统电路

🚗 任务实施

## 一、任务实施准备

（1）如果智能钥匙不能在正常距离内操作车门，或者钥匙上的指示灯暗淡或不亮时，要检查附近有无干扰智能钥匙正常操作的无线电台或无线电发射器；检查智能钥匙的电池电量是否已耗尽，若电量耗尽，更换智能钥匙内的电池。智能钥匙一般都设有机械钥匙，当智能钥匙没电时，可以按照图 4-69 所示步骤先解锁、外拉，再掰开取下机械钥匙。

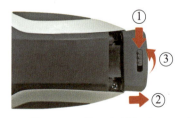

图 4-69　取下机械钥匙

（2）智能钥匙是一个电子元件，不能将钥匙放置在高温处，不能将其随意拆解，不能用智能钥匙用力敲击其他物体或使其落地，不能将钥匙浸入水中或在超声波洗涤器中清洗，不能将智能钥匙与放射电磁波的装置（如手机）放在一起，不能在智能钥匙上附加任何会切断电磁波的物体（如金属密封件）。

（3）使用智能钥匙解锁所有车门后，要在 30s 内打开任一车门，否则所有车门将自动重新闭锁。

## 二、门锁电动机的拆装

（1）拆卸左前门内饰板。

（2）拆卸左前门内拉手。

（3）松开左前门内拉手的拉索。

（4）拆卸左前门锁。用内六角扳手拆卸三个门板固定螺栓（见图 4－70），脱开闭锁器总成的压杆与外拉手的连接点，断开插接器，取下门锁电动机。

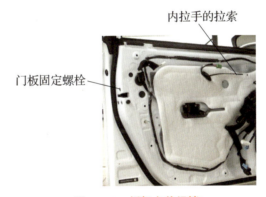

内拉手的拉索

门板固定螺栓

**图 4－70　拆卸左前门锁**

（5）按上述相反顺序进行安装。

## 三、中控门锁系统电路的检修

中控门锁系统出现故障可能会出现中控门锁不工作、车门锁不住、中控门锁不动作、中控门锁和电动车窗同时不工作等故障。

### 1. 检查智能钥匙和探测天线

（1）检查智能钥匙。如果智能钥匙不起作用，观察智能钥匙上指示灯是否闪烁，如果不闪烁，可能是电池电量耗尽，应尽快更换电池。

（2）检查探测天线和微动开关。探测天线电路（部分见图 4－71）包括：后背门微动开关、左前门微动开关和右前门微动开关，后行李舱车外磁卡探测天线、前部磁卡探测天线总成、中部磁卡探测天线总成、后部磁卡探测天线总成，右前门车外探测天线和左前门车外探测天线。检查微动开关，按下微动开关后，检查 T08-5 和 T08-6 之间是否导通。检查探测天线和"多合一"控制器之间的电阻，正常值应小于 1Ω。

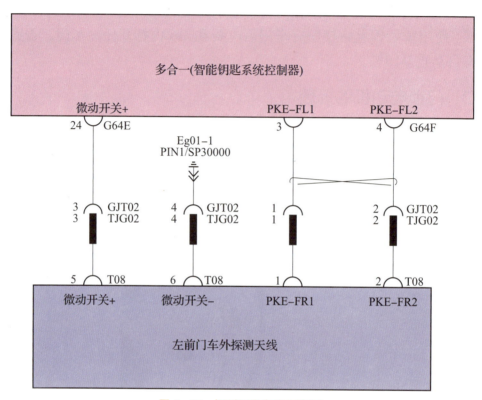

图 4-71　探测天线电路（部分）

### 2. 检查门锁总开关

位于左前门上的门锁总开关将驾驶员开关门锁信号传输给"多合一"控制器，门锁总开关电路（部分）如图 4-72 所示。如果出现故障码 B224107——驾驶员侧门锁总开关故障，则检查门窗总开关上的 CAN 线，如果正常，则检查或更换门窗总开关总成。分别检查 T05-12 和 G64F-12、T05-17 和 G64E-29、T05-18 和 G64E-10 之间的阻值，应小于 1Ω，否则检查线束。

### 3. 检查门锁电动机

左前门门锁电动机的控制电路如图 4-73 所示。检查前断电，拔下左前门门锁电动机的插接器，拔下"多合一"控制器 G64E、G64M、G64G 插接器，检查线束各端子的阻值，分别检查 G64E-27 和 T06-1、G64E-8 和 T06-6、G64M-1 和 T06-3、G64G-2 和 T06-4 及 T06-2 与车身地之间的电阻，应小于 1Ω，否则检修或更换线束。

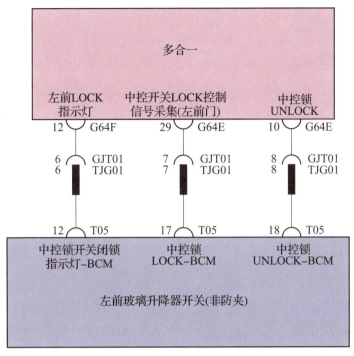

**图4-72　门锁总开关电路（部分）**

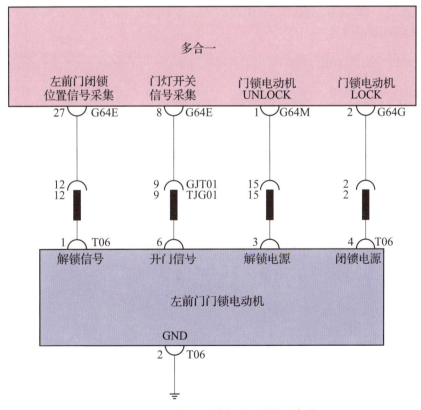

**图4-73　左前门门锁电动机的控制电路**

从"多合一"后端引线，左前门门锁开锁时，G64E-27（左前门门锁位置反馈端子）和车身地之间的电压应小于1V。在左前门闭锁瞬间，G64G-2（左前门门锁电动机闭锁驱动）和车身地之间的电压应为12V左右。在左前门解锁瞬间，G64M-1（左前门门锁电动机解锁驱动）和车身地之间的电压应为12V左右。

拆下左前门门锁电动机，给左前门门锁电动机两端通蓄电池电压，检查其是否正常工作。T06-3端子与蓄电池正极连接，T06-4端子与蓄电池负极连接，电动机驱动车门解锁；T06-4端子施加蓄电池正极电压，T06-3端子与蓄电池负极连接，电动机驱动车门闭锁，否则更换电动机。

## 项目小结

本项目主要介绍了电动车窗、刮水器、电动后视镜、中控门锁系统、电动座椅和安全气囊等的结构和工作原理。通过本项目的学习，学生应掌握新能源汽车电动车窗、刮水器、电动后视镜、中控门锁系统、电动座椅和安全气囊等的结构和功能；能正确操控新能源汽车电动车窗、刮水器、电动后视镜、中控门锁等；能够识读常见新能源汽车电动车窗、刮水器、电动后视镜、中控门锁系统等的电路，通过查阅资料，分析故障原因；能够按照专业要求独立或合作完成故障排除和元件更换工作。

# 参考文献

［1］吴书龙，何宇漾. 新能源汽车电气技术［M］. 北京：机械工业出版社，2018.

［2］宋广辉，张凤娇，苏忆. 新能源汽车电气技术［M］. 北京：机械工业出版社，2023.

［3］王显廷. 新能源汽车电气系统检修［M］. 北京：机械工业出版社，2016.

［4］周旭，石未华. 新能源汽车动力蓄电池与驱动电机系统结构原理及检修［M］. 北京：机械工业出版社，2021.

［5］许云，赵良红. 新能源汽车动力电池及充电系统检修［M］. 北京：机械工业出版社，2018.

［6］谢伟钢，张伟，孔观若，等. 电动汽车电路识图与维修案例解析［M］. 北京：中国铁道出版社，2023.

［7］刘玉梅. 电动汽车构造与原理［M］. 北京：人民交通出版社，2020.

［8］瑞佩尔. 图解新型电动汽车结构·原理与维修［M］. 北京：化学工业出版社，2017.

［9］袁兆鹏，徐夕玲，杨荣华. 新能源汽车维护与保养［M］. 北京：中国人民大学出版社，2022.

［10］王玉彪，石功名. 新能源汽车动力电池系统与充电系统［M］. 北京：机械工业出版社，2021.

［11］祝良荣，葛东东. 纯电动汽车构造与检修［M］. 北京：机械工业出版社，2019.